クリニック開業を思い立ったら最初に読む本

医業経営研鑽会［編］

岸部宏一・中澤修司・田邉万人・高橋邦光［著］

日本法令

まえがき

　文系の大学を出たばかりの私が昭和の終わりに MR として医療の世界に飛び込んでから、もうすぐ 30 年が経過しようとしています。

　その後もいろいろな人との出会いに恵まれ、事務長、医業経営コンサルタント、医療法務専門行政書士と、立場を変えながらもずっと医療界に籍を置いている間、お会いしたドクター、担当した医療機関の数は、もはや見当もつきません。

　夢を持ったドクターが開業に向かう場面にも多数関与させていただき、また、その後のドクターの様々なお悩みにも向き合ってきました。

　開業時には、それまで勤務医だったドクターが今まで会ったこともない、様々な職種の人たちが関わり、桁違いに大きなお金が一度に動きます。

　その中でドクターご本人の多くは、

「どこから手を付けてよいものかわからない」

「言われたことの意味がよくわからない」

「人によって言うことが違うので、誰の言うことを信じてよいものかわからない」

　と、だんだん不安になってしまうことが通例です。

　また、残念ながらこのような場面には多数の素姓のよろしくない人たちが売上を求めて群がり、その中にドクターが巻き込まれてしまっていることも少なくありません。

　本書は、ドクターが開業の場面で登場する様々な職種の人たちと共通言語でコミュニケーションを取ることで無用な不安感を解消し、開業による夢を実現していただくことを目指して、我々医業経営研鑽会が企画、執筆したものです。

医業経営研鑽会は、医療機関の経営支援を専門としている税理士、行政書士、弁護士、社会保険労務士、コンサルタント、FP、建築士、大学教員等の専門職が一堂に会し、お互いの力量までわかる「顔の見える関係」を作っています。

　毎月の定例会では個々の会員が困難な事例を持ち寄り、それぞれの立場から相互に検討する「事例検究会」（病院内での症例検討会をイメージしていただくと近いかもしれません）、持ち回りの講師による自己の専門分野からの最新の医療経営や制度改定に関する情報を共有する「教育研修会」を続けています。

　また、毎年1回の学会形式による大会、病院見学会、コンサルタント基礎講座等の活動も継続し、正確な知識、高い見識および社会的責任感や倫理観を持ったプロフェッショナルと呼べる医業経営コンサルタントの育成を通じて、医療に貢献し続けることを目指しております。

　我々の活動から生まれたこの本が、手に取っていただいたドクターご自身の夢の実現、そしてドクターの診療を受ける患者さまとそのご家族の幸せに、いくらかでもお役に立てましたら望外の幸せに存じます。

平成 28 年 5 月

著者代表　岸部宏一（医業経営研鑽会理事）

目　次

第 1 章　はじめに

第 2 章　成功する開業のために

第3章　成功する事業計画の作り方

第4章　開業地の選定

第5章　設計・工事

第6章　医療機器・備品類の選定・購入

第7章　開院前後の諸問題

第1章　はじめに

そもそも開業とは

1 事業主（経営者）になることの意味

　本書を手にされたドクターには、それぞれ理想とする医療やご自身のライフスタイル等、医師になった以上はいつか実現したい様々な想いがあることでしょう。

　他人の下で勤務するのではなく、自ら開業し、一国一城の主として采配を振るうことは、その想いを実現する途となりうることは間違いありません。また、金銭面でも納税後の利益はすべて自分のものであり、自由になるお金が桁違いに大きくなることもあります。

　反面、何か問題が発生した場合はすべての責任は自分で負うほかはなく、「誰も守ってくれない」のが経営者の宿命です。

　以下、本節では開業することにより大きく変わるドクター自身の立場につき、概説していくこととします。

　医師に限らず、「働く」ことは大きく分けて労働者（被雇用者）として働く場合と、経営者（雇用者）の２種類に大別されます。「給料をもらう側」「給料を払う側」に置き換えるとわかりやすいかもしれません。

　言うまでもなく、労働者が自分の任された仕事につき経営者に対してのみ責任を負うのに対し、経営者には自分が経営する事業所（医師であればクリニック等）の仕事その他の結果につき、内部外部を問わずすべての関係先に対して全責任を負うこととなります。

　また、物品購入やサービスの依頼といった種々の契約につき、勤務医時代は受けられた消費者契約法による保護も、自分が経営するクリニックに関する部分については受けられない（消費者契約法第２条第１項）、労働法上も使用者（労働基準法第10条）としての責任を負う等、勤務医時代にはまったく触れる必要のなかった法律や制度についても

「経営者である以上は知っている」ことが前提とされてしまいます。

　勿論、世の中の経営者が民法、税法、労働法等を一人ですべて把握して経営にあたっているはずはなく、実際には税理士、弁護士、社会保険労務士、行政書士といった各分野の専門職からアドバイスを受け、手続等の法律行為の代理を依頼することにより、経営にあたっています。その際経営者としては、こういった専門職への依頼につき、どの専門職に何を依頼するか、といった判断につき対外的に全責任を負うことになり、専門職に判断ミス等があったとしてもその専門職は経営者に対してのみ責任を負う（専門職自身が直接的に相手方に対して経営者に代わって責任を負うわけではない）こととなります。

　これらの「責任をすべて被る」ことの対価として、クリニック等であがる収益から費用や税や社会保険料等の公租公課を支払ったあとの利益のすべてが自分のものになる、と考えてもよいでしょう。

　また、経営者となるにあたっては「なぜ勤務医ではなく大きな責任を伴う経営者となる道を選んだのか？」を考え抜き、開院後のすべての行動指針となる「経営理念」を明確に定める必要がありますが、詳しくは第2章第2節で解説します。

2　「診療所」を「開設」することの意味

（1）医療法上の診療所開設

　民間経営を中心とする我が国の医療提供体制の中では、医師であれば自由に診療所を開設することができる、いわゆる「自由開業医制」が採られています。この制度のもと、臨床研修を修了した医師[注]が個人で診療所を開設し、自らが管理者として当該診療所の管理にあたる旨を、開設後の都道府県知事または地域保健法により独自の保健所を持つ市（保健所設置市）の市長または特別区の区長へ開設後10日以内に届け出ることにより開設することができることとなります（医

療法第8条)。

　また、病院を開設する、医療法人等医師個人以外の者が診療所を開設する、といった場合には、個別に都道府県知事または保健所設置市の市長(特別区の区長)の許可を受けることを必要とする体系となっています(医療法第7条第1項)。

　この手続きを経ることで、その診療所が医療施設として公証され、院内で医師が医療行為を行うことが可能となります。

　詳細は第7章第1節で解説します。

(注)平成16年4月1日以前に医籍に登録された医師(歯科医師は平成17年4月1日以前)は、臨床研修を終了したものとみなされます。

(2) 健康保険法上での「保険医療機関」の指定

　保健所への届出を終えた診療所であっても、そこで可能なのは「医療行為」に留まり、その行為を保険診療として公的医療保険による診療報酬を請求するにあたっては、別途「保険医療機関」としての指定を受ける必要があります。

　実務上は、前述の保健所への「診療所開設届」を各月の10日前後までに提出し、さらに毎月10日〜14日前後に設定されている締切日までに診療所開設届出書面の写しを添付して、地方厚生局都道府県事務所(地方厚生局所在地では指導監査課)に「保険医療機関指定申請書」を提出することになります。これを受け、地方社会保険医療協議会での審議が月末に行われます。これらの手続を経た上で、翌月1日に「保険医療機関」としての指定を受けることができます。こうして、診療から保険請求までの体制が整うこととなります。

　詳細は、第7章第3節で解説します。

(3) 診療所開設者の権利と義務

　事業主一般に求められる権利および義務は１に述べたとおりですが、それに加えて（1）（2）の手続きを終えて開業した診療所開設者には、医療法、健康保険法等による種々の義務が課されることになります。主なものは以下のとおりです。

① 　医療安全管理義務

② 　院内掲示

③ 　諸記録の保存

④ 　業務委託の適切な実施

　詳細は、第７章第２節で解説します。

（岸部宏一）

医療を取り巻く外部環境

1 時代的背景

　少子高齢化が進んでいることはご存知のとおりですが、それに加えて近年では、日本全体の人口減が始まっており、医療に限らずすべてのサービスが需要減に向かう可能性があると考えられます（次ページ**図表 1-2-1**）。特に、年少者人口と生産年齢人口の減少は著しく、この先の急性期医療については、入院・外来を問わず大幅な需要減が予想されます。逆に、高齢者人口だけは今後も増加することが確実であり、高齢者に対する長期療養やターミナルケア等の「支える医療」と呼ばれる分野については、まだまだ需要増が予想されます。

　しかし、これを地域別に細かくみると、地方では年少者から高齢者まで全体的に人口減少がみられる、首都圏では高齢者人口だけが増える等の地域差も存在します（次ページ**図表 1-2-2**）。

　そのため、これから開業を考える上では、まずは全体のトレンドを見極め、その上で個別の立地等を検討することが必要になります。

図表 1-2-1 我が国の人口の推移

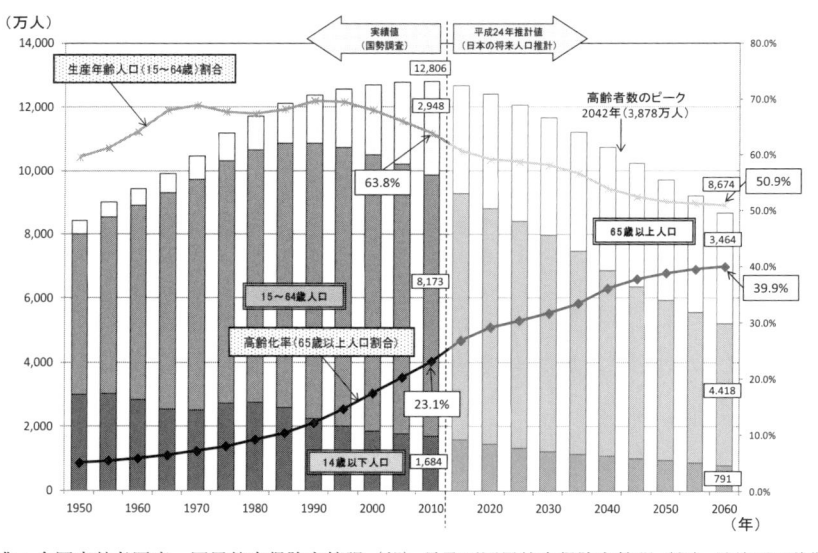

出典：全国高齢者医療・国民健康保険主管課（部）長及び国民健康保険主管課（部）長並びに後期
高齢者医療広域連合事務局長会議≪保険局調査課説明資料≫（平成 26 年 2 月 17 日）より

図表 1-2-2 高齢者人口（65歳以上）の増加数（2005年→2025年）

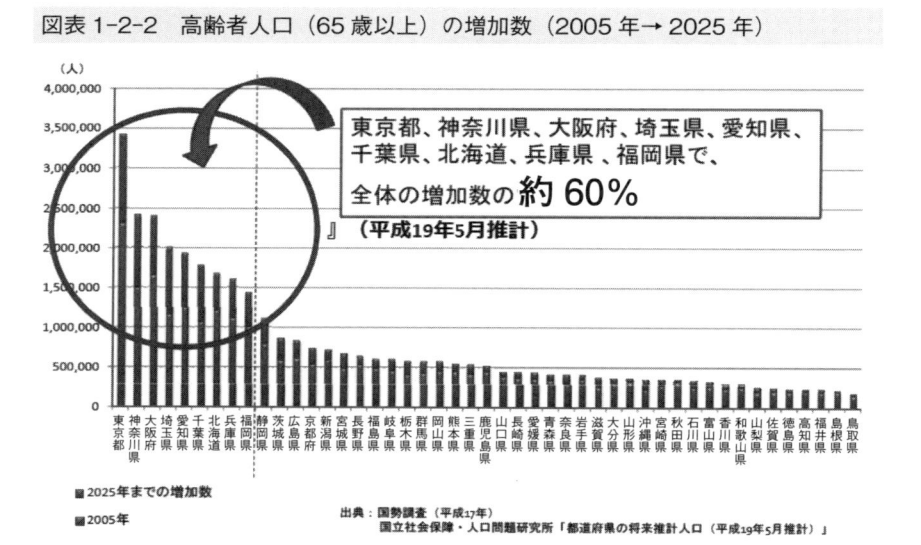

出典：平成 24 年度診療報酬改定について（厚労省保健局医療課）より

2 医療制度改定の流れ

　現行の医療制度が形作られたのは、戦後すぐに現行の医療法、医師法、保健婦助産婦看護婦法（現保健師助産師看護師法）等が一斉に成立した昭和25年と考えられます。

　戦後の焼け野原時代に始まった医療制度は、租税特別措置法によるいわゆる医師優遇税制等を含めて、とにかく医療提供の量を確保することから始まっています。

　その後、昭和の高度成長時代には人口が爆発的に増加し、潤沢な財源から老人医療費が無料化される等、医療経営の最も安泰な時代が続きました。

　しかし、医療の量的拡大は頭打ちとなり、昭和61年には成立以来約半世紀ぶりに医療法が大改正され、量的拡大から質的充実へと舵が切られて以降、今日に至るまでの約30年間の間で医療法は7回にわたる大改正を経て、地域包括ケアシステムの構築を目指す現行の医療制度となっています。

3 診療所の役割の変化

　地域包括ケアシステムの構築に向かう医療提供体制の中、診療所には次のような各種の役割が求められています。

(1) 総合外来診療

　病院の機能を入院、検査等に集約して外来を縮小する方向での制度改定の中、診療所には病院の前方での「かかりつけ医」「総合診療医」「家庭医」的機能、後方での「退院後のフォローアップ」等、地域連携を前提とした機能が求められています。また、そもそもの疾病そのものの予防または軽症のうちに悪化することを防止する「予防医学」的な機能を持つことも期待されます。

(2) 在宅医療

　病床を削減し、高齢者を中心に可能な限り在宅での療養を続け、ターミナル期に至るまでの「支える医療」が求められています。平成28年診療報酬改定に際し「外来機能を持たない診療所」が認められる等、在宅医療を支える存在としての診療所の役割は、まだまだ増大することが見込まれます。

(3) 専門外来診療

　特定の臓器または分野につき、急性期病院と同等またはそれ以上の機能を持ち、総合診療科からの紹介患者を受け入れる等で専門的医療を提供する診療所も、地域医療を支える上で重要な存在です。

(4) 上記の組合わせ

　これらの機能のうちの一つだけでなく、地域の特性や足りない分野、自院の得意分野等に合わせて、必要に応じて最適な組合わせでの機能を持つ場合もあり得ます。

　以上のような視点から、開業に際しては地域での自院の役割と位置づけを明確にし、そこを前提に戦略を立案することが重要です。その際は、単に「やりたい医療」のみで考えるのでなく、実際に提供可能な「やれる医療」、そして地域に求められる「やるべき医療」を考え合わせ、独りよがりの戦略にならないように客観的な立場から検討することが重要です。

（岸部宏一）

第2章　成功する開業のために

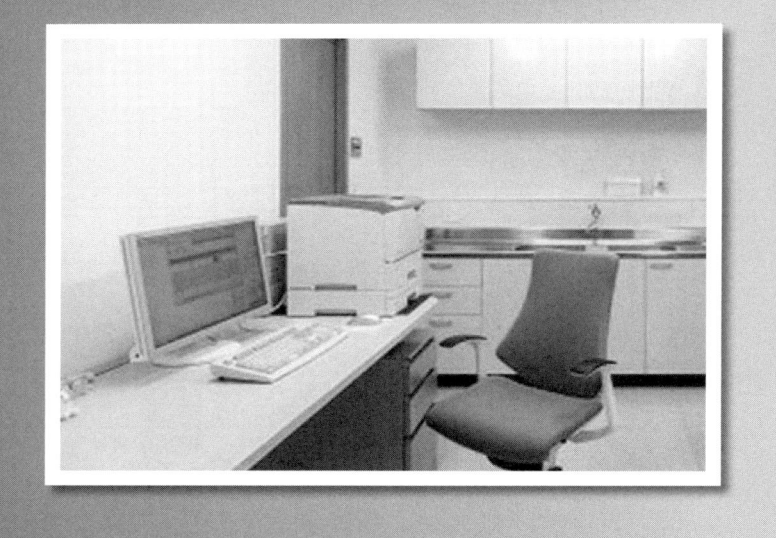

クリニック開業のための準備

1 最近のクリニック開業動向

　これからのクリニック市場は、全体としては第1章で述べた「少子高齢化」や「地域包括ケア」がベーシックなキーワードとなり、その流れに沿って推移していくこととなると思われます。ただ、現実のクリニック経営は他の業種と同様、地域や診療科等により異なる条件の下で基本的に自由競争により行われています。

　ここで、直近のクリニックの開業動向はどのようになっているのか、厚生労働省の発表している統計データを元に確認してみます。

　まず、**図表2-1-1**は、全国のクリニックの開業件数の推移です。これを見ますと全国の一般診療所はこのところ、概ね年間4,500〜

図表2-1-1　施設の種類別にみた動態状況の年次推移

各年　前年10月〜9月

		平成17年（2005）	18年（'06）	19年（'07）	20年（'08）	21年（'09）	22年（'10）	23年（'11）	24年（'12）	25年（'13）	26年（'14）
病院	開設・再開	166	136	110	103	76	79	85	98	93	112
	開　設	161	131	106	95	74	75	81	96	89	109
	再　開	5	5	4	8	2	4	4	2	4	3
	廃止・休止	217	219	191	171	131	148	150	138	118	159
	廃　止	202	200	175	154	124	141	121	133	113	149
	休　止	15	19	16	17	7	7	29	5	5	10
一般診療所	開設・再開	6,106	4,988	5,248	5,522	4,744	4,836	5,184	5,138	5,662	7,610
	開　設	5,752	4,805	5,083	5,181	4,536	4,632	4,747	4,922	5,435	7,216
	再　開	354	183	165	341	208	204	437	216	227	394
	廃止・休止	5,715	3,821	4,325	5,971	4,192	4,647	5,461	4,533	5,286	7,677
	廃　止	4,698	3,303	3,718	4,941	3,678	4,086	4,450	4,047	4,702	6,730
	休　止	1,017	518	607	1,030	514	561	1,011	486	584	947
歯科診療所	開設・再開	2,628	2,302	2,161	2,218	1,868	1,802	2,053	1,703	1,772	2,035
	開　設	2,517	2,263	2,109	2,116	1,815	1,760	1,926	1,633	1,707	1,912
	再　開	111	39	52	102	53	42	127	70	65	123
	廃止・休止	2,453	1,642	1,755	2,237	1,550	1,515	2,281	1,385	1,545	2,144
	廃　止	2,055	1,486	1,604	1,859	1,409	1,392	1,789	1,243	1,405	1,746
	休　止	398	156	151	378	141	123	492	142	140	398

出典：平成26年（2014）医療施設調査より

	2006年6月	2007年6月	2008年6月	2009年6月	2010年6月	2011年6月	2012年6月	2013年6月	2014年6月	2015年6月	10年間累計
全　国	704	804	348	183	△85	266	167	257	383	241	3 268
01 北海道	9	19	△4	4	13	△6	11	6	△16	△15	21
02 青森	△4	△10	△22	△12	△2	△15	△26	1	4	△1	△87
03 岩手	5	9	△6	0	△7	△7	8	△2	△3	△10	△13
04 宮城	15	13	10	△19	3	△20	43	19	3	16	83
05 秋田	△3	8	△2	9	△4	9	△4	1	1	△6	9
06 山形	△2	3	4	△11	0	△6	12	4	4	△3	5
07 福島	13	13	5	5	△21	△24	△39	△4	△5	△4	△63
08 茨城	23	18	△18	△7	5	30	△3	6	10	△14	50
09 栃木	16	28	7	△8	5	△9	△2	16	△1	1	56
10 群馬	26	13	11	11	△3	△17	1	0	0	△2	40
11 埼玉	64	65	45	30	47	53	15	21	9	44	393
12 千葉	23	14	△6	△7	△3	28	△6	23	16	2	84
13 東京	130	118	113	△34	38	33	△23	58	88	94	615
14 神奈川	127	93	41	65	11	59	67	20	56	70	609
15 新潟	△7	17	△2	△36	△11	10	2	7	5	12	△3
16 富山	3	△7	△2	4	△7	2	△3	△2	△3	△3	△18
17 石川	1	△3	1	6	△5	14	3	7	2	0	26
18 福井	6	3	△2	2	11	4	△10	2	5	△13	8
19 山梨	2	13	4	4	0	11	3	0	△2	11	46
20 長野	18	20	15	3	△8	△2	3	△8	10	3	54
21 岐阜	25	22	△3	2	20	10	3	15	△5	5	99
22 静岡	14	22	△1	14	10	9	△1	△2	4	△2	67
23 愛知	75	53	74	40	0	34	40	49	77	27	469
24 三重	20	26	16	△1	6	12	15	△3	1	5	97
25 滋賀	16	5	16	18	15	18	12	△1	22	2	123
26 京都	△7	24	3	19	△26	△9	△20	△21	△3	△20	△60
27 大阪	22	52	21	28	△70	7	15	32	54	12	173
28 兵庫	5	42	34	13	10	33	△9	27	10	1	166
29 奈良	18	19	12	7	5	7	11	6	7	7	99
30 和歌山	△6	△2	△7	△7	△2	△6	12	10	△6	0	△21
31 鳥取	△14	2	△5	1	△9	△7	△2	△5	△4	△5	△48
32 島根	△13	△11	△4	11	△7	△14	△1	△6	2	0	△43
33 岡山	△16	△4	10	△6	△4	0	△2	18	13	5	14
34 広島	19	8	△18	19	△24	2	△22	△11	8	△3	△22
35 山口	△8	4	△19	△11	△8	3	△11	△1	△3	△3	△51
36 徳島	△17	13	9	△17	7	7	△34	△11	△7	4	△54
37 香川	5	20	9	2	6	1	11	5	△7	1	15
38 愛媛	10	21	0	△8	△1	△1	△1	1	10	△11	36
39 高知	△5	△14	9	8	△8	3	△7	1	△12	2	△41
40 福岡	43	25	12	46	△36	24	21	36	23	40	234
41 佐賀	4	△3	6	4	4	△5	1	△5	4	0	2
42 長崎	11	△5	△3	△6	△12	△6	10	△3	△6	△16	△34
43 熊本	△15	△7	0	6	7	7	20	△1	1	△6	△13
44 大分	4	2	3	0	△2	△2	7	△6	△2	4	12
45 宮崎	5	11	△13	7	△14	△1	6	△4	△7	2	△2
46 鹿児島	10	28	3	3	△21	△7	1	△10	8	△6	7
47 沖縄	24	4	24	△3	19	2	15	△6	16	36	131

5,000 施設が開設されていますが、一方で廃止数も概ね同レベルで増加傾向にあり、クリニックの純増数は結果としてあまり変化がないといった情勢です。ただし、新規開設数だけをみると平成 24 年以降再び増加のペースが上がってきており、殊に平成 26 年は開設・廃止ともに大幅に増加していることから世代交代が急激に進んでいることがうかがえます。

　また、**図表 2-1-2** は都道府県別の診療所数の増減です。こちらでは、やはり基本的に三大都市圏等、特に東京都、神奈川県での開業数

が突出していることがわかります。

　市場が大きく、また利便性が高い都市部での開業を望むドクターは、これからも減ることは考えにくいことから、このような地域での開業を希望される場合には、厳しい環境下で患者さんのニーズを的確に捉え、さらに自院の特徴をしっかり打ち出すことでライバルに勝っていく運営をすることが求められていることを認識し、開業の準備をする必要があります。

2　開業医に必要な基本姿勢

　競争の厳しい市場においては、前述のように顧客ニーズを適確に捉え、どのようにしてそれに応えることができるかが常に最も重要な課題となります。

　地域包括ケアシステムの中では、診療所は主にプライマリケアを担う役目を求められており、専門性を期待される病院等と地域連携をうまく組む形で、なるべく幅広い患者さんのニーズを汲み取って対応することが求められてきています。

　またそのような環境下では、一般に患者さんが病院に求めるものは「施設の総合的な機能」であり、そこを施設選別のポイントとする傾向が強いのに対し、クリニックの場合には「医師個人の能力や人間性」を選別のポイントとし、その部分に期待して来院すると考えらます。

　このように、病院の勤務医からクリニックの開業医になるにあたっては、患者さんのニーズも違うことを、まずはしっかり認識することが大切です。

　ここで、いくつかの調査によるとクリニック選びのファクターとしては次の2つが、他の項目を抑えて選択される傾向にあります。

1. 「場所の利便性が高い」
2. 「医師の腕や対応がよい」

そして、「医師の腕や対応がよい」の具体的な内容としては次の
①・②がその他を上回り最も多く挙げられています。

> ① 「説明が丁寧でわかりやすかった」
> ② 「患者の話を真剣に聞いてくれた」
> ③ 「医療知識・診断技術が豊富だった」
> ④ 「適切な病院や専門医を紹介してくれた」

　これらのデータから浮かんで来る、「患者さんの求めるクリニック・開業医像」の特徴は次のとおりで、これらの要素をバランス良く満たすことが、選ばれるクリニックづくりのポイントと考えられるでしょう。

> ・通いやすい場所にあること
> ・医療技術が一定水準以上であること
> ・診療に際して患者さんという人間をきちんと受けとめる対応力があること
> ・コミュニケーション能力が高く診療の効率を下げずに満足度を上げられること
> ・専門性に傾向しすぎず、幅広い判断力と良質な連携のルートを確保していること

3 開業に際して必要な要素

　事業を営むにあたり必要な要素は、俗に"ヒト・モノ・カネ"などと表現されますが、これはクリニック開業の場合も同様です。
　まず「ヒト」は看護師、事務員等のスタッフで、職種別の必要な人員数は診療科目や診療スタイルによりおよそ決まってきますが、信頼できるスタッフの確保は、どのような場合でも最も重要な課題の一つになります。スタッフは開業に際して公募により採用するのが一般的ですが、勤務医時代の同僚や部下、また知人の紹介などによる採用も

少なくなく、そのどちらの方法にも良い面・悪い面があります。

　開業後に悩みの中心となるのもこの「ヒト絡み」が定番で、"人事は永遠の課題である"ともいわれるとおり、それぐらいに割り切って気長に付き合っていく必要がある難しい要素でもあります。

　次に、「モノ」は、開業地の選定も含め、土地建物や内装、機器等をどのように選定し、導入していくかという問題です。こちらもクリニックの目的によりその内容がおよそ決まっていくものでもありますが、必要不可欠でかつコストパフォーマンスを考えた導入を指向することが大切になります。また最終的には商品となる"医療サービス"も、この「モノ」要素に含まれると考えてよいと思います。

　最後の「カネ」は、ある意味すべてに通じるファクターになりますが、クリニックの場合、資金の問題は「初期投資」と「開業当初の運転資金」のための手当をどのようにするか、という点にほぼ集約されます。これは、一般的なクリニックの場合、その事業特性から再投資があまり必要なく、また開業後ランディングの期間を乗り切ると追加の運転資金も通常不要となるためです。

　そしてこれら開業資金の問題は、突き詰めると実は「いかに自己資金を用意できるか」の点に絞られます。開業資金は銀行等金融機関からの融資で手当するのが一般的ですが、その場合でも自己資金をいくら用意できるか、は非常に重要な要素となります。つまり「借入の絶対額を減らす＝金利コストを減らす＋返済のための資金繰り手当を楽にする」といった直接的な効果に加え、貸す側にとって「自己資金をきちんと用意した計画的な事業である」ことを判断する材料となるからです。やや逆説的になりますが、自己資金が多ければ多いほど多額でも借りやすくなり、また開業リスクを低くすることができることになります。

4 開業に際して最も大切な要素

　クリニック開業は、上記の物理的なファクターが揃えばある意味機械的に進めることができます。しかし、そこに最も大切な要素として必要となるものが、「開業の目的」「経営戦略」「経営理念」といった形のないファクターなのです。

　開業後に経営が順調に推移するクリニックと、思うように患者さんが集まらず苦戦するクリニックとがあるのが現実ですが、前者に多く共通する要素が、この「経営理念」を掲げているという点です。自身の「開業の目的」を明確にした上で「経営戦略」を考え、そのためのアクションをしっかり実行するという順序を経ることで、漫然と開業するケースと比較するとその成功への道のりは確実に近く、しっかりしたものになると考えます。

（中澤修司）

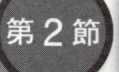

開業の目的を明確にする

第2節

クリニックに限らず、どのような事業にもその遂行には達成目的が必要です。目的により事業が具体的に展開されるわけですから、この目的・目標の設定がブレてしまうと事業そのものの方向性を失いかねず、結果として成果を上げるための最適な選択が難しくなってしまうおそれがあります。したがって、開業を考えたときにはまず、「開業の目的」をご自身で明確化し、その後、その目的達成のための具体的な戦略を順次展開していくという手順を踏むことが重要です。

 **1 開業に何を望むか**

クリニックの開業に何を望むのか、この点は人それぞれではありますが、多くのドクターは「病院での勤務環境や医師としてのやりがい」「現在の収入面の評価や今後の見通し」「納得のいく医療の実践」等の諸要素を比較し、そこに自分のライフプランを重ね、勤務医の立場で得られるもの・得られないものなどを検討して選択をされていると思われます。

この開業の目的、言い換えれば自分が開業を通じて何を得たいのか、を明確化する作業は、必ず最初に行う必要があります。そしてその次に、そこに向かうための方法論をできる限り具体的にまとめてみることで、やるべきことがだんだんとはっきりしてくると思います。

なお、この過程はできればご家族と共有していただくことをお勧めします。クリニックの開業は、ご本人はもちろんご家族の人生にも当然に少なからず影響を及ぼすものであり、またそのような人生の大きな岐路の判断において、最も頼りになる相談相手もやはりご家族になることが多いからです。自分の夢や考えなどを真に理解してもらい、

協力を得られるようにしていただくことが、やはり非常に大切です。

　また開業後、多くのドクターが理想と現実のギャップで悩み、時に経営者として孤独に陥ることも考えられますが、どのようなときにも常に力になるのはやはりご家族の存在です。課題を一人で抱え込みがちな人ほど意識して相談する姿勢を持つことで、ご家族を厳しい立上げの時期を乗り切る強い味方とすることができます。

2　クリニックの特徴を考える

　次に、開業の目的を達成するために「どのようなクリニック運営をするか」を具体的に考える必要がありますが、その際には「どんな特徴を打ち出していくのか」を設定することが不可欠となります。

　例えば開業地・エリアが決まった上で、その地域にどのように医療を提供するのか、というアプローチもある一方、逆にまずご自身の経験・スキルを客観的に診断し、その医療サービスを提供するのに最も適した開業地はどこか、というアプローチもあるでしょう。実際には上記が複合的に絡んでいることが多いのですが、「どのような特徴を持ったクリニックにするか」には、開業場所はもとよりクリニックのスタイルや施設・設備の内容や規模、また人員体制や全体の必要資金など、開業における選択のほぼすべての要素が絡んでくることになります。

　例えば、特定の疾患の診療を専門にするクリニックであれば、その患者さんが通いやすく競合の少ないロケーションを選択し、その診療のために必要な施設規模を確保すること、またその診療に必要な医療機器等を十分に導入するなどの投資が必要でしょう。さらにその専門性を担保するスタッフの確保が必要となる場合もあります。

　したがって、どのような特徴を持ち、どのような医療サービスの提供ができる施設を目指すのか、を明確にすることは、その後の開業計画のコアとなります。

3 自分の経歴やスキルを可視化する

　クリニックの特性を考える場合、自分の「経験や診療スキル」は、いわば開業という市場で戦う際の"武器"にあたります。この武器を最大限に活かし市場で勝っていく努力をしていくことになるわけですが、まずはその武器の「性能」「強み、弱み」などを客観的に評価することが大切になります。

　もし仮にその武器の力を過大に評価すると目論見どおりの成果をあげることが難しくなり、また逆に過小評価してしまうとせっかくの戦力を使って有利に戦いを進めることができず、やはり本来あげられたであろう成果を得られないことに繋がりかねません。したがって、例えば特殊なオペや診療の技術がある場合には、外来でこれを活かすことができるのか患者ニーズを調査すること、また設備投資が回収できる収支構造が実現可能かなど、踏み込んで検証してみる必要があります。

　自身の経験やスキルがどのように求められているのかを正当に評価できなかった場合、その後の事業計画や投資を誤り、開業を大きく回り道させてしまうことに繋がりかねません。これまでの経歴の棚卸をして、開業に際し「強み」としてアピールできるポイントとなることは何か、について様々な角度から挙げて検証してみることは、開業計画を進める上でとても重要な過程であるといえます。

（中澤修司）

1　経営理念とは何か

　運営方針や打ち出す特徴が固まったら、それらをまとめてトータルのクリニックコンセプト・経営理念に落とし込む作業になります。

　経営理念は別段難しい表現である必要はなく、「自分の理想とするクリニックとは」というテーマで考えを整理し、医師として、また社会的存在として自院をどのように導きたいのかを突き詰め、わかりやすい言葉にまとめたものであれば充分です。医師としてのこの先の生き方を考える機会としても、この過程は是非実践していただきたいところです。

2　経営理念はなぜ必要なのか

　良くない組織運営の例として、「理念なき経営」という表現があります。ではこの経営理念はなぜ必要となるのか、どのような効果があるのかを挙げてみると、次のようなものになります。

(1) 開業時のスタイルや具体的な投資判断の基本となる

　開業立地やクリニックの構造、機器等の導入やスタッフの配置など、経営理念から繋がる明らかな方針の下で自然にありようが定まっていくことは、多くあります。目標達成のため、院長ほか必要な関係者のとるべきアクションが明瞭になるという意味で、経営理念・コンセプトは重要であり、かつ利便性があるものでもあります。

(2) 開業後の運営において常に立ち返る原点となる

クリニックの開業後、当初計画に対して現実が相違することはある意味必然ですが、想定外のトラブルに見舞われてただちに決断を迫られることなども起こり得ます。

そのような場合には開業目的の原点に立ち返り、そこに照らして考えてみることも有効です。何か問題が起きて困ったとき、経営が停滞して方向性に自信がなくなったときなどには、開業に際して一生懸命考えた経営理念を見返して考えることで、必ず打開の糸口が見えてくるものです。

(3) 従業員にクリニックの方向を示す指針となる

クリニックで雇用するスタッフは、経験やスキルのみならず勤務に際しての心構えなどもレベル差が少なからず存在し、その状態を整地化して同じ方向に一体化して進む組織となるよう、院長自ら指導していく必要があります。

そのような場合にも、クリニックの理念や運営指針は「うちはこういう目的を持ったクリニックであり、このような理念の下で行動してほしい」と説明するためのツールになります。さらには院長自身の行動規範として、自らを省みる鏡のようなものとしても役に立ちます。

(4) 経営者マインドを醸成する機会となる

クリニックを経営するということは、正に経営者としてリスクを背負って事業を行っていくことに他なりません。契約当事者として借金をし、また従業員を雇用することなどを通して施設運営の全責任を負うことになるわけですが、理念を考え表現することは、そのいわば「決意表明」として、自院をどのように発展させていくかを考える大切な機会となります。

(5) 自院の対外的な評価、アピールとなる

　経営理念は、外部に向けて院長やクリニックの考え方等を明確に示したものになります。患者さんの心に響く表現や言葉を使うことで、よりストレートに自院をアピールする材料となるほか、連携を期待したい病院・施設への訴求になることなどの効果も期待できます。特にホームページなどで公開することで、その発信力はより大きくなり、効果もさらに期待できることになります。

3　経営理念へのアプローチ例

　経営理念は、前述のようにクリニック経営における目標や具体的なビジョン、戦略から導き出されるものが理想ですが、そこまでのアプローチはまず、自身の経歴や専門性、スキルや強み・弱みがどのようなものなのか、具体的に書き出して認識をしてみることから始めることとなります。

　ここで、具体的な経営理念へのアプローチを一件ご紹介します。

【ケーススタディ・Y先生（45歳）】

1. **基礎情報**：循環器内科専門、大学医局から関連病院（12年）を経て一般病院に医長で勤務（8年）

2. **専門医等資格**：循環器専門医（日本循環器学会）、総合内科専門医（日本内科学会）、認定医（日本カテーテル治療学会）、認定産業医（日本医師会）、呼吸器学会会員

3. **自身の強み**：
   ①循環器の専門医であり、心臓疾患の他血管障害の診断・治療を得意とする

②民間病院勤務で糖尿病や SAS の治療経験もあり、内科領域
　全般に対応可能
③ムンテラは得意で患者対応に不安はない

4.　**自身の弱み：**
　①小児の診療、外科的な対応は自信がない
　②有機的に連携できる病院が開業希望地域にない
　③自己資金の余裕はあまりない

5. **特性を活かした診療のコンセプト・ターゲットとする患者層：**
　●心疾患やその原因となる生活習慣病の治療を中心に、糖尿
　　病の管理、SAS 治療、禁煙外来など内科疾患全般に対応で
　　きるクリニック
　●疾病の予防、早期発見、管理のための医療サービスを実践
　　し、地域住民に健康で幸せな生活を提供するクリニック
　●説明と理解の上に立った治療を目指し、何でも気軽に相談
　　できる、開かれた明るいクリニック
　●対象は・心疾患をお持ちの方
　　　　　・生活習慣病全般お持ちの方
　　　　　・糖尿病の管理が必要な方
　　　　　・睡眠障害にお悩みの方
　　　　　・禁煙をしたい方

6.　**経営理念へのアプローチ：**
　①内科疾患に悩む成人・高齢者に訴求する
　②内装などにはあまりコストをかけず、コミュニケーション
　　と居心地を重視する

③プライマリケアを積極的に実践し、地域の病院と丁寧な連携を心掛ける

7. **クリニックの経営理念：**
「患者様の立場に立った、話しやすく優しいクリニックを目指します」
「生活習慣病から患者様を守り、ともにたたかいます」
「心臓と内科総合の専門医としてからだの心配事はまずご相談ください」

（中澤修司）

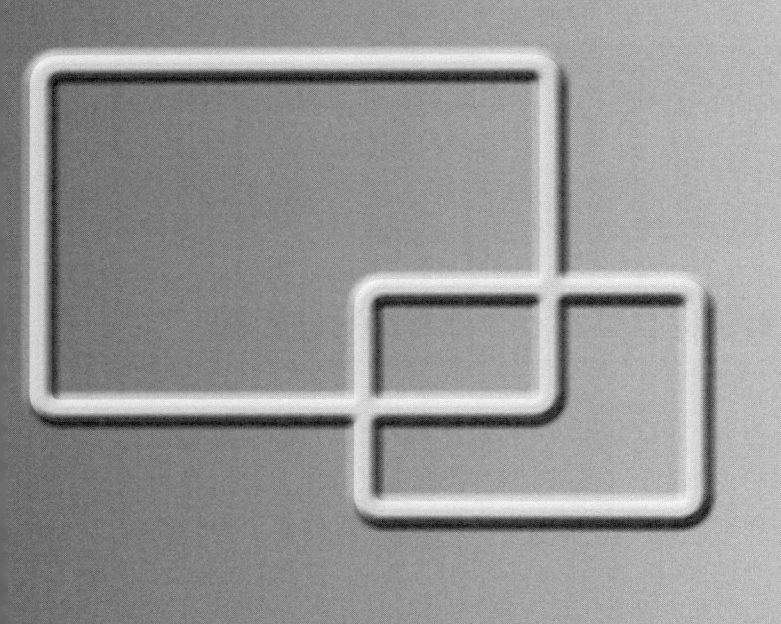

第3章　成功する事業計画の作り方

1 事業計画はクリニック事業の「設計図」

開業理念やコンセプト、またそこから発展したクリニックのスタイルなどが決まったら、次は具体的な事業計画の策定となります。

事業計画書は、クリニックの近未来の姿を「資金繰り」の面から予測し作成するもので、収入・支出の各条件を様々に設定、想定した上で開業後どのように資金が回っていくのか、もしくは厳しくなる可能性がどの程度あるのかをシミュレートするものです。

設計図のない建築があり得ないように、事業計画なくして行う開業は、そこにどのような構造的リスクがあるかもわからない、無謀なものになってしまう可能性があります。現実に、見通しが甘いまま検証もせずに見切り発車をし、後からその失敗に気づくことは少なからずありますが、それが挽回の効かない事柄の場合非常に大きいダメージとなります。

開業は、ドクターの人生を賭けた大事業です。信頼できる専門家の力も利用し、大切なご自分のクリニック事業の成否を納得のゆくまで試算してみることをお勧めします。

2 事業計画作成の目的

前述のように事業計画書を作成する最大の目的は、事業の「設計図」として、その計画がどのような条件下でどのような収支結果を生み出せるのかを描くことにあります。したがって、実現の可能性やリスクをどこまでリアルに設定して試算できるのかが、重要なポイントとなります。基本的に、条件はシビアに設定し、患者数や投資などの

条件を変えて最悪のパターンまで踏み込んで作成してみることが必要です。

　また、一方で事業計画は開業資金の融資を受ける際にも必須のものとなりますが、この場合の計画は本質的にはリアルなものでありながら、ある程度成功の夢を語る要素も必要です。事業計画書は経営者のいろいろな意志が込められたものですが、融資審査においては、そこに計画の慎重さと合わせて「自信」も確認したいものです。それらの要素がバランス良く現れ、融資の回収にはほぼ問題がないと評価してもらえる内容の計画が理想的です。

　さらに大切なことは、事業計画は最初から一つに固執するものではなく、リスクや自信度に応じて複数パターンを認識し作成しておく必要があるということです。そして、どちらに振れても想定内であるという資金的な準備をすることが、肝心なポイントになります。

 **3　事業計画作成のポイント**

　事業計画策定にあたり、設定する条件としては次のようなファクターがあります。

①施設・設備等開業時の投資条件
②資金手当および融資条件
③開業後の患者数や診療単価などの収入条件
④材料費、人件費、一般経費等の支出条件
⑤生活費や税金支払いなどの条件

　クリニックの経営理念やスタイルから選択の優先順位がありますが、まずは設定する開業場所での診療圏調査の結果や勤務医時代からの患者、連携先からの紹介見込みなどから見込まれる患者数、収入規模と成長の推移をどのように予想するか、また想定収入に合わせた適正な設備投資や資金手当・融資条件、そして運営に必要な人員配置や一般経費などはどの程度か、などを想定して条件数値を置きます。

その上で、もし収支のバランスが取れない場合にはその原因はどこにあるかを見直し、投資が過大である場合には規模を絞る、また初期の導入機器を抑えるなどの選択を検討します。またスタッフの配置や労働条件を抑える必要はないか、想定される経費の設定に過不足はないかなど、様々な支出条件を個別に検討して試みます。

その結果、例えば想定患者数がネックになる場合には、連携先の開拓等でその数を増やす対応策があるか、さらには開業場所を変更して市場の良いところを再検討する、といったこともあり得ます。

いずれにしても、収支構造の各ファクターを現実に即して変更してみることに、事業計画を検討する本質的な意味合いがあります。場所や投資金額の前提条件ありきで、都合良く資金が回る事業計画を組み上げてしまうことは、「お任せ開業」にありがちなパターンです。シミュレーションを軽視し、希望だけで体制づくりを進めた結果資金繰りが破綻、というようなことがないよう、ファクターの変更を忌憚なく行い、事業計画書の作成プロセスを十分に活用することが大切です。

4 開業後に検証する材料にする

事業計画はあくまで試算の数値であり、実際の経営実績とは必ず乖離が生じます。開業後数カ月経過時点から、計画数値と現実の実績数値との比較検討を行い、どの程度の差異が生じているか、またその原因はどこにあるのかを把握することで、その後の改善に繋がるヒントが得られる場合があります。

実績が想定より低調だった場合、計画に無理があったのか、あるいは実際の運営に問題があるのか、明確な原因特定はなかなか難しいところですが、例えば診療圏調査の結果と比べ来院数が少ないエリアがある場合、まず認知度が十分に上がっていないことが考えられることから、そこに重点的に情報を届けるような広報戦略を立てることなども必要でしょう。

逆に、見込まれていた患者層が意外に少なかったエリアに対しては、そこに配分していたコストを削って他の地域に再配分するなど、改善の意思決定を後押しする材料にもなります。

　さらに人件費などが何らかの原因で過大となっていた場合でも、事業計画上での基準値がある場合にはそこに立ち返り、原因の目標を再設定することも可能です。

　せっかくいろいろな思いを込めて作った事業計画ですので、開業したら見返すこともないというのは勿体ないことです。また、事業計画は開業後別の「予算書」として組み替えて使用することもできます。開業後の実際の状況を踏まえてよりリアルなクリニック事業の予算として２年目以降で活用し、そこでも同様に予算と実績を対比させて管理をしていくことで、よりコントロールされたクリニック経営が可能となります。

（中澤修司）

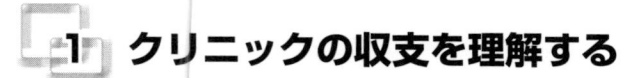

効果的な事業計画の作り方

1 クリニックの収支を理解する

(1) クリニック収支構造の特徴

　事業計画を策定するにあたり、ここではまずはクリニックの収支構造の要点を理解していただきたいと思います。

　一般に医療機関の収支はいわゆる「固定費型」と呼ばれ、中でも病院の場合はその特性がより顕著となっています。この類型は、収入を増やすために比例的にかかるコスト（変動費＝薬品費など）の割合が低く、収入とは関係なしにかかるコスト（固定費＝人件費や家賃、リース料など）の割合が高い構造特性を持った業種業態となります。この真逆に位置する業態は、小売業などの「変動費型」になります。

　院外処方のクリニックの場合は、特に薬品仕入が少なく、より固定費型の傾向が強くなりますが、この構造の特徴は、「損益分岐点が高く、限界利益率が高い」、つまり "利益が出るまでが大変だが出始めると大きく儲かる" 体質を持っているということです（次ページ**図表3-2-1**）。

　そしてこのことはさらに、
① 「固定費をまかなえる収入」に達するまでの間は資金減少が早い
② 「固定費を下げること」で損益分岐点が低くなる
ということに繋がります。

　したがって、クリニック事業は、収支構造的にいかに合理的に小さくスタートさせることができるかが、健全な経営のためには非常に大切であることがわかります。

　また44ページの**図表3-2-2**は「事業の損益構造」を図示したものです。まず「総収入5,000万円」が起点となり、右側に推移するに

図表 3-2-1　収支構造の比較（固定費型・変動費型）

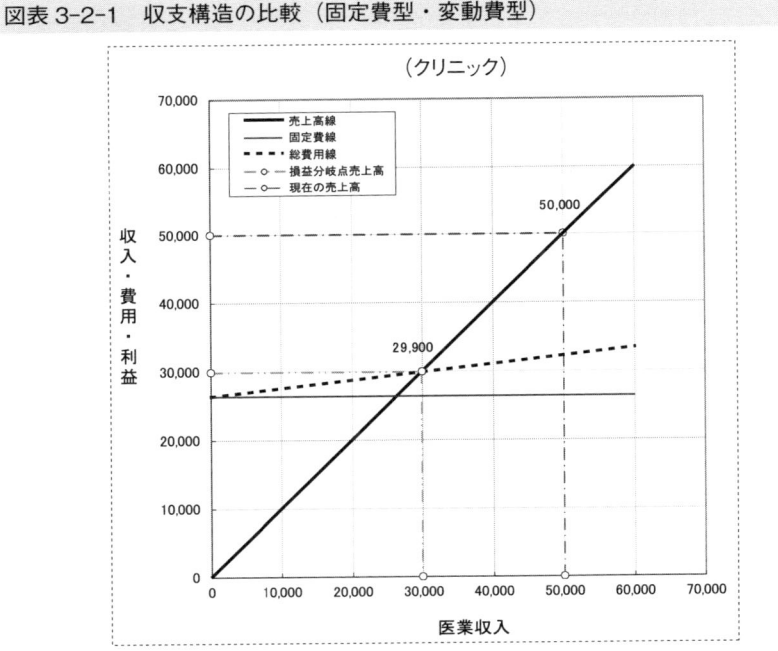

（クリニック）

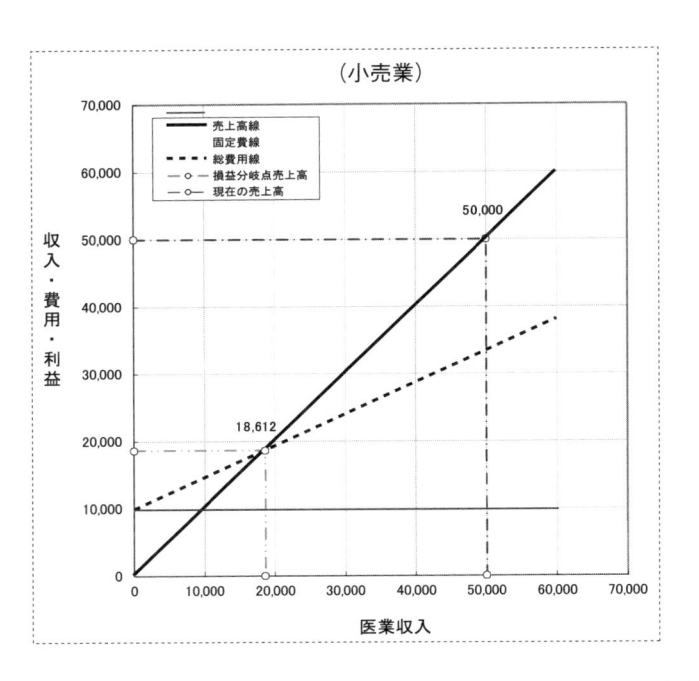

（小売業）

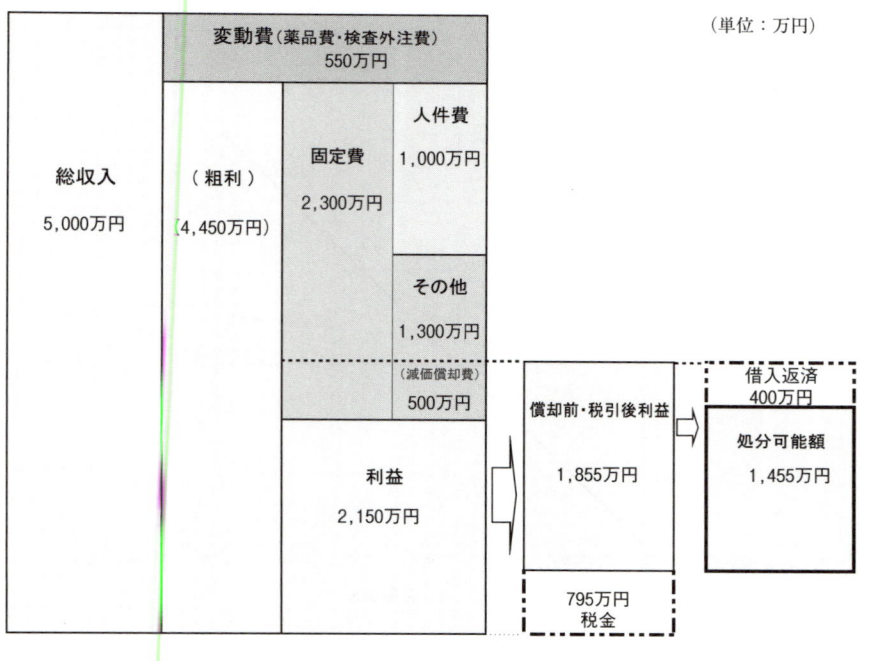

（単位：万円）

従って「変動費、固定費」の経費等に削られて「利益」が残り、さらにそこから「税金の支払や借入金の返済」をしたものがようやく実際の可処分所得となる、というものです。

　この図式は、どのような業種でも基本形はほぼ同様となり、特に税金や借入返済がどのような形で支払われるかという点などを頭に入れていただけると今後の収支が理解しやすくなります。

(2) 勤務医と開業医の収支の違い

　病院勤務のドクターから、「クリニックを開業した場合の私の給与はどのようになりますか？」という質問をいただくことがあります。開業後の収入をどのように考えたらよいのか、勤務医の決まった給与収入を手放す不安の中で当然の疑問ではありますが、正解は何と"ずっとゼロ"です。

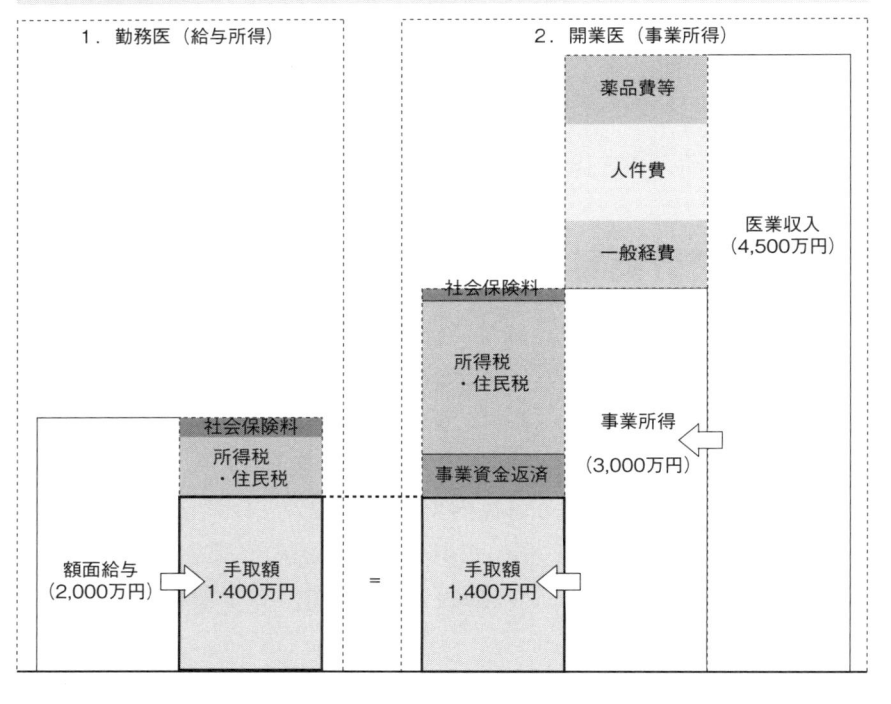

図表 3-2-3　勤務医と開業医の所得・資金構造の比較

1．勤務医（給与所得）

2．開業医（事業所得）

薬品費等

人件費

一般経費

医業収入
（4,500万円）

社会保険料

所得税
・住民税

事業所得
（3,000万円）

社会保険料

所得税
・住民税

事業資金返済

額面給与
（2,000万円）

手取額
1,400万円

＝

手取額
1,400万円

　このように答えると混乱される方が多いかと思われますので、こちらも**図表3-2-3**でその比較をご確認いただきたいと思います。

　左側が「勤務医」で収入は給料＝給与所得です。こちらは給与明細に記載のとおり、額面給与から社会保険料と所得税・住民税を控除した金額が"手取り"収入となります。

　これに対して右側が「開業医」の収入パターンで、最後の手取額は同額としていますが、この手取額を得るための金額・構造がまったく異なることがおわかりになると思います。

　そして、開業医（個人事業）の場合、この変動する「事業所得」がそのまま「事業主の手取額」の元となることから、決まった"給与"はなく、収支をいかにうまく取り回して利益＝事業所得を確保するかにより、結果の手取額が違ってくるということになります。

　もちろん、医業収入を上げていくことでこの事業所得を比例的に増

やすことはできますし、節税の工夫を重ねることで税金を減らし、結果として勤務医時代に比べて手取額を大きく増やすことも十分可能です。ただし、勤務医時代のように確保された給与はなく、自ら患者さんを増やし、自院の経営の成果をしっかりと確保していくことが不可欠であることを理解していただく必要があります。

2 事業計画書の作成手順

　事業計画書は、前述のとおり「投資や資金調達項目」「収入・支出項目」などの各ファクターを設定して組み合わせ、そこから損益予想と資金繰りを予想し作成します。なお、作成の過程で変更が容易にできるよう、表計算ソフトなどを使用することをお勧めします。

　次にご紹介するのは、東京都内市部で開業の「研鑽会クリニック」の事業計画です。こちらに沿って具体的に計画の作成を進めてみることにします。50・51 ページの**図表 3-2-4** ①、②を参照しながら確認していきましょう。

(1) 投資・資金の基本項目の設定

　まずは「**1. 開業資金・設備**」で施設や医療機器等の設備投資、またその購入資金の調達方法などについて設定します。

① 　研鑽会クリニックはテナントでの開業で、まず内定している医療ビルの賃借条件（家賃 35 万円、敷金 5 カ月分、礼金・仲介手数料各 1 カ月）合計 245 万円を設定します。

② 　次にテナントフロアに施す内装工事費用ですが、標準的な工事費として坪単価 50 万円を見積もり、これにフロア面積 35 坪を乗じて合計 1,750 万円を設定します。この時、ビル側の工事負担金（いわゆる B 工事負担金（93 ページ参照））がある場合には、それを加算します。

③ 　主な医療機器と、そのおよその購入価を設定します。医療機器は、一般に定価が意味をなさず、実際の購入価額がなかなかわかり

づらいことが多いのですが、信頼できるコンサルタントや先に開業している先生などから情報を得て見積もります。また、比較的少額なものは、院内の器具備品などとともに概算であげておきます。ここでは「医療機器・備品」は合計で 1,700 万円を設定します。

④　医師会の入会金、開業時の広告費用などを見積もります。開業時期は、クリニック事業で最も広告の費用対効果が高くなる時期であることから、ある程度予算をみておきたいところです。またこのほかにコンサルタント費用等、特段の支出が見込まれる場合には開業雑費に取り込んで開業費として償却対象とします。ここでは「その他開業経費」として計 750 万円を設定します。

⑤　運転資金は後述しますが、できるだけ潤沢に用意したいところです。運転資金の必要額は、収支があるラインに達するまでの期間に応じて増えることになりますが、内科クリニックの場合、近年、経営が収支分岐点を超えるまでに要する期間が長くなってきており、標準的には 1,000 万円～1,500 万円程度は必要といわれます。

　以上の過程を経て、研鑽会クリニックの合計開業費用は、運転資金も入れて総額 5,945 万円となりました。東京近郊のテナント開業における総コストとしては、概ね標準的な金額だといえます。

　そしてそのうち 1,095 万円を自己資金として拠出し、残り 4,850 万円を外部から調達することで手当ができる形が出来上がりました。

　なお、調達資金の用途、つまり何を借入金で買うのかなどは、この段階では適宜で結構です。基本的に早期に必要な資金や比較的少額のもの、また運転資金の手当ては自己資金で行います。ここではテナント契約費用と一部の器具備品・開業雑費、運転資金を自己資金で手当てし、残りをリースと銀行借入により調達する形としています。

(2) 資金調達の条件

　次に、2、3 で借入金の金利、返済条件やリースの条件について設

定します。

　研鑽会クリニックの借入金 4,000 万円は、民間銀行と日本政策金融公庫とでいずれも金利 1.5％、元金返済は 1 年間据置きで調達する予定です。また一部の医療機器と電子カルテの 850 万円はリースによる導入とし、こちらは料率が 1.8％、半年据置きの 5 年リースとしています。

　借入とリースは、いずれも最終的には全額支払いの義務を負うことから、金銭的な違いはあまりありません。どのような特性と利点があり、これをどう選択するかについては、これも後ほど述べることとします。

(3) 月次収支・資金繰りの条件設定

　以上の基本条件を前提に、次に毎月・毎年の収支フローの条件設定をします。なおここではわかりやすく、1 月開業のパターンで作成していきます。

① 　最初に、最も肝心な収入を構成するファクターの設定を「**4. 収入条件**」で行います。

　収入予測は、診療圏調査や連携先との関係などから見込まれる外来患者数と診療科ごとの平均単価を基に、これを診療科や地域性、ロケーションなどからどの程度推移していくのかを想定していきます。

　まず、研鑽会クリニックの診療圏の見込み患者数は複数調査の結果、概ね 50〜60 人／日という数値が出ています。この数を参考に、開業予定地がやや住宅地に近いロケーションであることから患者増加スピードは比較的緩いことを想定し、一日平均患者数は当初 1 年目末で 20 人、2 年目末で 40 人、3 年目末で 45 人とやや保守的に見込んで設定しています。

　また、診療単価は循環器内科（院外処方）の平均値からやはり保守的に 550 点／回とし、2 年目以降は若干逓減させる形としています。

　なお自費収入は住民健診や予防接種などを実施する予定ではありますが、保険外は収入としてあまり当てにしないという院長の考えから、一律保険収入の 5％程度と想定して設定しています。

② 次に「**5．人件費**」で雇用するスタッフの職種および給与、月額給与を設定します。

　研鑽会クリニックは、当初看護師2名、事務員4名すべてパートで、院長も入れて実質的には常時4人で運営するスタイルとしました。看護師一人が知合いで手伝ってくれる他は全員公募なので予定どおり揃うかは未定ですが、賞与や社会保険の負担もほぼないため、人件費は月額で61万円程度に抑えられています。2年度以降は見込まれる患者増加に伴い徐々に増やしていますが開業当初、調節可能な固定費である人件費はできるだけ軽く運営したいところです。

③ そして「**6．その他前提**」で一般経費と減価償却費をそれぞれ見込まれる金額で計上し、またさらに「**7．変動費率**」では薬品費・検査委託費の変動費を診療科の平均値をもとにそれぞれ10％、3％と想定して設定します。

　また奥様が他で勤務中のため専従者給与は暫く設定せず、さらにクリニックから支出する個人の生活費を初年度は極力抑えて月30万円とした上でその後月100万円まで増加させることとします。

　なお診療日数は日曜日と水・土曜日午後を休診とするため、年間を通じて月平均10.5日を暦日から控除した日数としています。

(4) 収支予測の評価

　これらの前提で収支予測を計算すると、まず開業3年間は次のように収支および資金繰りが推移すると予測されます（52ページ**図表3-2-5**）。

　○　月次損益としては2年目の序盤から黒字転換

　○　生活費控除前の資金繰りが黒字転換するときの1日当たり患者数は26人

　○　初月約1,344万円の余剰でスタートした資金繰りは、19カ月目にボトムで残高430万円となり、以降徐々に回復する。

図表 3-2-4-① 研鑽会クリニックの事業計画（基本条件①）

（金額単位：万円）

1. 開業資金・設備

	取得価額	資金調達方法			備考
		銀行借入	リース	自己資金	
土地	0	0	0	0	
①テナント契約費用	245	0	0	245	
敷金	175			175	月額賃料　35　万円×　5　ヶ月
礼金・仲介手数料	70			70	月額賃料　35　万円×　2　ヶ月
②建物・内部造作	1,750	1,750		0	施工面積　35　坪×　50　万円／坪
③医療機器・備品	1,700	850	850	0	
一般撮影用X線	300	300			
CR装置	200		200		
超音波診断装置	300		300		
心電図その他	300	300			
その他	0	0			
電子カルテ一式	350		350	0	3クライアント
器具備品	250	250		0	診療用備品、待合室家具
④その他開業経費	750	500	0	250	
医師会入会金	200	200		0	地区医師会～日医
広告宣伝費	300	300		0	開院時広告・甲板設置
開業雑費	250	0		250	印刷物、HP、消耗品等
⑤運転資金	1,500	900		600	
合計	5,945	4,000	850	1,095	

2. 借入金明細

借入先	金額	金利	据置期間	返済月数	返済元金	備考
ABC銀行	2,000	1.50%	12	168	12	15 年返済
日本政策金融公庫	2,000	1.50%	12	108	19	10 年返済
合計	4,000				30	

3. リース明細

リース会社	リース料率	リース総額	据置月数	リース月数	月額	備考
DEFリース	1.80%	918	6	60	17	5 年リース
合計		918		60	17	

（注）上記 3. の「リース料率」とは、対象物件の取得価額に対する月額リース料の割合を表す独特な表現で、一般的な融資の金利とは異なるものです。

図表 3-2-4-②　研鑽会クリニックの事業計画（基本条件②）

（金額単位：万円）

4. 収入条件

項目	細目	初年度	02年度	03年度	04年度	05年度	6年度
診療単価（点）	一般診療	550	540	530	530	520	520
一日平均患者数	年末想定数	20	40	45	55	60	65
収入構成	社保の割合	50%	50%	50%	50%	50%	50%
※診療日数	設定休診日	2.0 日／週		8.67 日／月			
	年間祝日数	20 日		1.67 日／月			
	∴ 暦日からの控除日数		10.33 日	→		10.5 日を控除	

5. 人件費

職種等	1人月額	当初人数	月額合計	2年目人数	同月額	3年目人数	同月額
常勤　看護師	30	0	0.0	0	0.0	1	31.2
准看護師	28	0	0.0	0	0.0	0	0.0
その他		0	0.0	0	0.0	0	0.0
事務員	18	0	0.0	1	18.4	1	18.7
パート　看護師	16	1.0	16.0	2.0	32.6	1.0	16.6
准看護師	12	1.0	12.0	1.0	12.2	1.0	12.5
その他		0.0	0.0	0.0	0.0	0.0	0.0
事務員	8	4.0	32.0	2.0	16.3	2.0	16.6
法定福利費			1.2		4.0		8.4
合計		6.0	61.2	6.0	83.5	6.0	104.1
賞与（対常勤・カ月分）	夏季	1.0	冬季	1.5	年昇給率	2%	

6. その他前提

項目	細目	初年度	02年度	03年度	04年度	05年度	6年度
経費（月額）	家賃	35	35	35	35	35	35
	水道光熱費	10	11	12	12	12	12
	保守料	1	5	5	5	5	5
	その他経費	35	40	45	50	55	60
専従者給与	配偶者	0	0	0	0	0	0
個人生活費	―	30	50	60	80	100	100

7. 変動費率

薬品費（院内）比率	10.0%	検査委託費	3.0%

8. 減価償却費（定額法）

資産名	取得価額	耐用年数	償却率	年間償却費	月償却費	備考
建物・内部造作	1,750	39	0.026	46	3.7	
医療機器・備品	850	6	0.167	142	11.8	
礼金・仲介手数料	70	2	0.500	35	2.9	2年契約
入会金	200	5	0.200	40	3.3	
開業費	550	5	0.200	110	9.1	5年均等償却
合計	3,420			372	30.8	

事業計画・

（保険収入の前提）

通常診療単価	0.55	0.55	0.55	0.55	0.55	0.55
一日患者数（人）	6	8	10	12	14	15
稼働日数（日）	20.5	17.5	20.5	19.5	20.5	19.5

【損益】

	1月	2月	3月	4月	5月	6月
医業収入（保険）	68	77	113	129	158	161
医業収入（自費）	3	4	6	6	8	8
収入計	71	81	118	135	166	169
薬品・診療材料	7	8	12	14	17	17
人件費	61	61	61	61	61	61
賞与						
リース料						
家賃・共益費	35	35	35	35	35	35
水道光熱費	10	10	10	10	10	10
検査委託費	2	2	4	4	5	5
保守料	1	1	1	1	1	1
その他経費	35	35	35	35	35	35
支払利息	5	5	5	5	5	5
減価償却費	31	31	31	10	31	31
専従者給与	0	0	0	0	0	0
経費計	187	189	193	175	200	200
税引前利益	-116	-108	-75	-40	-34	-31

【キャッシュフロー】　プラスはキャッシュイン、マイナスはキャッシュアウトを表す

	1月	2月	3月	4月	5月	6月
窓口入金	20	23	34	39	47	48
振込入金			47	54	79	90
自費入金	3	4	6	6	8	8
入金計	24	27	87	99	134	146
薬品費支払		-7	-8	-12	-14	-17
固定費支払	-149	-150	-151	-151	-152	-152
出金計	-149	-157	-159	-163	-166	-169
経常資金繰	-126	-130	-72	-64	-32	-22
新規資金導入	5,095	0	0	0	0	0
開業資金支出	-3,595	0	0	0	0	0
返済前資金繰り	1,374	-130	-72	-64	-32	-22
申告所得税住民税						
源泉所得税	0	0	0	-1	-2	-3
借入金返済	0	0	0	0	0	0
差引金額	1,374	-130	-72	-65	-34	-25
生活費等	-30	-30	-30	-30	-30	-30
差引資金繰	1,344	-160	-102	-95	-64	-55
資金繰累計	1,344	1,185	1,083	987	924	868

（金額単位：万円）

収支予算書

01年

0.55	0.55	0.55	0.55	0.55	0.55	0.55
16	17	18	19	19	20	14.5
20.5	20.5	19.5	20.5	19.5	20.5	239

7月	8月	9月	10月	11月	12月	年間合計
180	192	193	214	204	226	1,913
9	10	10	11	10	11	96
189	201	203	225	214	237	2,009
19	20	20	22	21	24	201
61	61	61	61	61	61	734
0					0	0
17	17	17	17	17	17	102
35	35	35	35	35	35	420
10	10	10	10	10	10	120
6	6	6	7	6	7	60
1	1	1	1	1	1	12
35	35	35	35	35	35	420
5	5	5	5	5	5	60
31	31	31	31	31	31	349
0	0	0	0	0	0	0
220	221	221	224	223	226	2,478
−30	−20	−19	1	−9	11	−469

7月	8月	9月	10月	11月	12月	年間合計
54	58	58	64	61	68	574
110	113	126	134	135	150	1,039
9	10	10	11	10	11	96
174	180	194	209	206	229	1,709
−17	−19	−20	−20	−22	−21	−177
−170	−170	−170	−171	−171	−171	−1,929
−187	−189	−190	−191	−193	−193	−2,106
−13	−9	3	18	13	36	−397
0	0	0	0	0	0	5,095
0	0	0	0	0	0	−3,595
−13	−9	3	18	13	36	1,103
−4	−4	−4	−5	−5	−5	−33
0	0	0	0	0	0	0
−17	−13	−1	13	8	31	1,070
−30	−30	−30	−30	−30	−30	−360
−47	−43	−31	−17	−22	1	710
821	778	747	730	709	710	710

事業計画

通常診療単価	0.54	0.54	0.54	0.54	0.54	0.54
一日患者数（人）	22	24	㉖	27	28	30
稼働日数（日）	20.5	17.5	20.5	19.5	20.5	19.5

【損益】

	1月	2月	3月	4月	5月	6月
医 業 収 入（保 険）	244	227	288	284	310	316
医 業 収 入（自 費）	12	11	14	14	15	16
収 入 計	256	238	302	299	325	332
薬 品・診 療 材 料	26	24	30	30	33	33
人 件 費	84	84	84	84	84	84
賞 与						
リ ー ス 料	17	17	17	17	17	17
家 賃・共 益 費	35	35	35	35	35	35
水 道 光 熱 費	11	11	11	11	11	11
検 査 委 託 費	8	7	9	9	10	10
保 守 料	5	5	5	5	5	5
そ の 他 経 費	40	40	40	40	40	40
支 払 利 息	5	5	5	5	5	5
減 価 償 却 費	31	31	31	31	31	31
専 従 者 給 与	0	0	0	0	0	0
経 費 計	261	258	267	266	269	270
税 引 前 利 益	−5	−20	36	33	56	61

【キャッシュフロー】　プラスはキャッシュイン、マイナスはキャッシュアウトを表す

	1月	2月	3月	4月	5月	6月
窓口入金	73	68	86	85	93	95
振込入金	143	158	170	159	201	199
自費入金	12	11	14	14	15	16
入 金 計	228	237	271	258	310	310
薬 品 費 支 払	−24	−26	−24	−30	−30	−33
固 定 費 支 払	−204	−204	−206	−205	−206	−206
出 金 計	−228	−229	−229	−236	−236	−239
経 常 資 金 繰	0	8	42	23	74	71
新 規 資 金 導 入	0	0	0	0	0	0
設 備 資 金 支 出	0	0	0	0	0	0
返 済 前 資 金 繰 り	0	8	42	23	74	71
申 告 所 得 税・住 民 税				33		0
源 泉 所 得 税	−5	−6	−7	−6	−8	−8
借 入 金 返 済	−30	−30	−30	−30	−30	−30
差 引 金 額	−35	−28	4	19	36	32
生 活 費 等	−50	−50	−50	−50	−50	−50
差 引 資 金 繰	−85	−78	−46	−31	−14	−18
資 金 繰 累 計	624	546	500	470	455	438

↑
純事業資金繰りプラスに反転

・収支予算書

02年

0.54	0.54	0.54	0.54	0.54	0.54	0.54
32	34	36	38	39	40	31.3
20.5	20.5	19.5	20.5	19.5	20.5	239

7月	8月	9月	10月	11月	12月	年間合計
354	376	379	421	411	443	4,052
18	19	19	21	21	22	203
372	395	398	442	431	465	4,255
37	40	40	44	43	46	425
84	84	84	84	84	84	1,002
18					28	46
17	17	17	17	17	17	204
35	35	35	35	35	35	420
11	11	11	11	11	11	132
11	12	12	13	13	14	128
5	5	5	5	5	5	60
40	40	40	40	40	40	480
5	5	5	5	5	5	57
31	31	31	31	31	31	370
0	0	0	0	0	0	0
294	278	279	284	283	315	3,324
78	117	119	157	148	150	931

7月	8月	9月	10月	11月	12月	年間合計
106	113	114	126	123	133	1,216
217	221	248	263	265	294	2,540
18	19	19	21	21	22	203
341	353	381	411	409	449	3,958
−33	−37	−40	−40	−44	−43	−403
−226	−208	−208	−209	−209	−238	−2,529
−259	−245	−248	−249	−253	−281	−2,932
82	108	133	161	156	169	1,026
0	0	0	0	0	0	0
0	0	0	0	0	0	0
82	108	133	161	156	169	1,026
						33
−9	−9	−10	−11	−11	−13	−103
−30	−30	−30	−30	−30	−30	−365
43	68	93	120	115	125	591
−50	−50	−50	−50	−50	−50	−600
−7	18	43	70	65	75	−9
430	448	491	561	626	701	701

↑
資金繰り累計のボトム

事業計画

（保険収入の前提）

通常診療単価	0.53	0.53	0.53	0.53	0.53	0.53
一日患者数（人）	41	41	42	42	42	43
稼働日数（日）	20.5	17.5	20.5	19.5	20.5	19.5

【損益】

	1月	2月	3月	4月	5月	6月
医 業 収 入 （ 保 険 ）	440	380	451	434	459	439
医 業 収 入 （ 自 費 ）	22	19	23	22	23	22
収 入 計	462	399	473	456	482	461
薬 品 ・ 診 療 材 料	46	40	47	46	48	46
人 件 費	104	104	104	104	104	104
賞 与						
リ ー ス 料	17	17	17	17	17	17
家 賃 ・ 共 益 費	35	35	35	35	35	35
水 道 光 熱 費	12	12	12	12	12	12
検 査 委 託 費	14	12	14	14	14	14
保 守 料	5	5	5	5	5	5
そ の 他 経 費	45	45	45	45	45	45
支 払 利 息	5	5	5	4	4	4
減 価 償 却 費	22	22	22	22	22	22
専 従 者 給 与	0	0	0	0	0	0
経 費 計	304	296	306	303	307	304
税引前利益	158	103	168	152	175	157

【キャッシュフロー】　プラスはキャッシュイン、マイナスはキャッシュアウトを表す

	1月	2月	3月	4月	5月	6月
窓口入金	132	114	135	130	138	132
振込入金	287	310	308	266	316	304
自費入金	22	19	23	22	23	22
入 金 計	441	443	466	418	476	458
薬 品 費 支 払	−46	−46	−40	−47	−46	−48
固 定 費 支 払	−236	−235	−237	−236	−237	−236
出 金 計	−283	−281	−277	−284	−282	−284
経 常 資 金 繰	159	162	189	135	194	173
新 規 資 金 導 入	0	0	0	0	0	0
設 備 資 金 支 出	0	0	0	0	0	0
返済前資金繰り	159	162	189	135	194	173
申告所得税住民税				82		30
源 泉 所 得 税	−12	−13	−13	−11	−14	−13
借 入 金 返 済	−30	−30	−30	−30	−30	−30
差 引 金 額	116	119	146	175	149	160
生 活 費 等	−60	−60	−60	−60	−60	−60
差 引 資 金 繰	56	59	86	115	89	100
資 金 繰 累 計	757	816	902	1,017	1,107	1,207

・収支予算書

03年

0.53	0.53	0.53	0.53	0.53	0.53	0.53
43	44	44	45	45	45	42.9
20.5	20.5	19.5	20.5	19.5	20.5	239

7月	8月	9月	10月	11月	12月	年間合計
467	473	455	483	462	489	5,433
23	24	23	24	23	24	272
491	496	477	508	486	513	5,705
49	50	48	51	49	51	570
104	104	104	104	104	104	1,249
50					75	125
17	17	17	17	17	17	204
35	35	35	35	35	35	420
12	12	12	12	12	12	144
15	15	14	15	15	15	171
5	5	5	5	5	5	60
45	45	45	45	45	45	540
4	4	4	4	4	4	52
22	22	22	22	22	22	260
0	0	0	0	0	0	0
358	309	306	310	307	385	3,796
133	188	171	198	178	128	1,909

7月	8月	9月	10月	11月	12月	年間合計
140	142	136	145	139	147	1,630
321	307	327	331	318	338	3,735
23	24	23	24	23	24	272
485	473	486	500	480	510	5,636
−46	−49	−50	−48	−51	−49	−566
−287	−237	−237	−238	−237	−312	−2,965
−333	−286	−286	−285	−288	−361	−3,531
152	187	200	215	193	149	2,105
0	0	0	0	0	0	0
0	0	0	0	0	0	0
152	187	200	215	193	149	2,105
						113
−14	−13	−14	−15	−14	−15	−161
−30	−30	−30	−30	−30	−30	−365
107	143	156	169	148	103	1,692
−60	−60	−60	−60	−60	−60	−720
47	83	96	109	88	43	972
1,254	1,337	1,433	1,542	1,630	1,673	1,673

また以降6年目まで年別の収支を見ると、58ページ**図表3-2-6**のように推移するという結果となっています。

> ○　損益が赤字なのは初年度のみ
>
> ○　資金繰りは2年目を乗り越えるタイミングがネック
>
> ○　3年目までは順調に増えるが、以降は税金が増加するため資金繰り増加スピードは抑制される
>
> ○　6年経過後の予測では、生活費（5年目以降1,200万円）を引いた後の使える資金が4,944万円残り、当初運転資金1,500万円を差し引いて3,444万円の余剰金が生ずる

図表3-2-6　研鑽会クリニック　事業計画・収支予算書（年別総括表）

（保険収入の前提）　　　　　　　　　　　　　　　　　　　　　　　　　　　　（金額単位：万円）

	1年目	2年目	3年目	4年目	5年目	6年目
通常診療単価	0.6	0.5	0.5	0.5	0.5	0.5
一日患者数（人）	14.5	31.3	42.9	50.8	57.9	62.9
稼働日数（日）	239.0	239.0	239.0	239.0	239.0	239.0

【損益】

	1年目	2年目	3年目	4年目	5年目	6年目
医業収入（保険）	1,913	4,052	5,433	6,433	7,195	7,966
医業収入（自費）	96	203	272	322	360	398
収入計	2,009	4,255	5,705	6,754	7,554	8,365
薬品・診療材料	201	425	570	675	755	836
人件費	734	1,002	1,249	1,249	1,249	1,249
賞与	0	46	125	125	125	125
リース料	102	204	204	204	204	0
家賃・共益費	420	420	420	420	420	420
水道光熱費	120	132	144	144	144	144
検査委託費	60	128	171	203	227	251
保守料	12	60	60	60	60	60
その他経費	420	480	540	600	660	720
支払利息	60	57	52	46	41	35
減価償却費	349	370	260	260	260	221
専従者給与	0	0	0	0	0	0
経費計	2,478	3,324	3,796	3,987	4,145	4,062
税引前利益	-469	931	1,909	2,767	3,409	4,303

【キャッシュフロー】

	1年目	2年目	3年目	4年目	5年目	6年目
窓口入金	574	1,216	1,630	1,930	2,158	2,390
振込入金	1,039	2,540	3,735	4,356	4,977	5,486
自費入金	96	203	272	322	360	398
入金計	1,709	3,958	5,636	6,608	7,495	8,274
薬品費支払	-177	-403	-566	-664	-751	-829
固定費支払	-1,929	-2,529	-2,965	-3,051	-3,129	-3,004
出金計	-2,106	-2,932	-3,531	-3,715	-3,880	-3,834
経常資金繰	-397	1,026	2,105	2,892	3,615	4,440
新規資金導入	5,095	0	0	0	0	0
開業資金支出	-3,595	0	0	0	0	0
返済前資金繰	1,103	1,026	2,105	2,892	3,615	4,440
申告所得税住民税	0	33	113	-600	-833	-1,121
源泉所得税	-33	-103	-161	-193	-225	-250
借入金返済	0	-365	-365	-365	-365	-365
差引金額	1,070	591	1,692	1,735	2,192	2,704
生活費等	-360	-600	-720	-960	-1,200	-1,200
差引資金繰	710	-9	972	775	992	1,504
資金繰累計	710	701	1,673	2,448	3,441	4,944

3 事業計画書作成上のポイント

　開業成功のための設計図である事業計画書ですが、作成のポイントは「理想の実現のための前向きな投資」と、「無理のない慎重な運営」とのバランスをとることにあります。

(1) 過大投資は要注意

　開業目的を達成するため、理想のクリニックづくりを追求することは非常に大切なことですが、一方で過大投資とならないよう慎重に構成を考え事業として成立させることもさらに重要です。

　事業計画において設定する「負債」や「経費」は、概ねそのまま確実に現実となるのに対し、「収入」「利益」はあくまで期待値に過ぎません。つまり、収支計画は「一定の実現可能性の幅の中で、リスクを容認できるポイントを探し設定する行為の一結果」であるということを、まず冷静に認識する必要があります。

　一部のコンサルタントには、収支のファクターを意図的に甘く設定し、時に多額の投資を盛り込んだ事業計画書を提示するケースがありますが、投資の裏にあるカラクリを冷静に見抜く視点を持つことが大切になります。

　「収入予測の要素」はシビアに検証するとともに、「設備投資や固定コストの導入」はできる限りニーズを確認してから行うこと、不要不急な投資はすべて開業後に判断するという基本を、しっかり理解していただきたいと思います。

(2) 最大のポイントは収入ファクター

　前述のとおり、収入はすべて予測に基づく数値となります。つまり、ここをどれだけ合理的に、安全に設定できるかが、信頼性の高い計画策定のための最大のポイントとなります。

まず、最も難しい変数である患者数について、診療圏調査はその開業地の基本的な集患力を示す目安となりますが、そもそも全面的に当てになるものではなく（第4章第2節参照）、予算上は目標値としながらも、当初ある程度の下ブレを織り込んだ患者数とするなど、慎重な設定が求められます。

　また、診療単価は主な診療科の平均単価を把握した上で、5～10%程度抑えて設定することが肝心で、ここを意図的に上げたりすると、予測収入が上がって収支は見違えるように好転することにも十分注意が必要です。

　さらに、意外に留意を要するのが診療日数です。ここをおざなりに設定している事業計画書を見かけますが、週0.5日、月に2日の診療日数の違いは年間収支に大きく影響し、やはり収支をガラッと変えてしまうことに留意してください。

　例えば診療単価を一律600点／回、休診を1.5日と設定して**図表3-2-5**の2年目の収支予測（54ページ）、**図表3-2-6**（58ページ）と比較すると、**図表3-2-7-①**（62ページ）、**図表3-2-7-②**（64ページ）のように収支予測が大きく変貌します。

● 　初年度の税引前利益は233万円改善、02年度は600万円以上改善して約1,577万円の利益を計上
● 　資金残高のボトムは4カ月前倒しで以降増加に転じ、最小資金残高も862万円と2.5倍近い水準を維持する
● 　6年経過後の見込資金残高は9,438万円と、約2倍になる

　誤解していただきたくないのは、上記の前提が不適切だということではなく、数字の置き方ひとつでシミュレーションの結果が大きく変わることを理解していただきたいということです。

　"理想的"な単価・適当な診療日数などの設定で出来上がった事業計画に基づいて運転資金や資金繰りを準備した場合、状況により資金不足に陥る最悪のケースも考えられることになります。"机上の空論"に踊らされないよう、慎重に見極める視点と姿勢が必要です。

(3) ランニングコストを知ること

　収支計画を策定する上で、「収入」の次に押さえるべきファクターは日ごと・月ごとに発生する「支出」になります。クリニック運営でかかってくるこのランニングコストがどのようなものであるかを認識し、いかにコントロールできるかまで考えることもまた大切になります。

　クリニック開業の局面では、初期コストをなるべく抑えて資金を温存すること、また借入金負担を減らすことが重要な課題となりますが、これはその後の発生するコスト・支出レベルを下げ、収支を安定させることにも繋がります。

　通常のランニングコストには以下のような支出項目が該当します。

①　変　動　費

　収入に対して一定率で変動発生するもので、薬品費・診療材料費・検査外注費などが該当します。収入に対して○％という形で設定しますが、この数値は、診療科、また処方や診療内容により変わってくることから、自院のスタイルによる標準値を設定します。

②　固　定　費

　収入の多寡にかかわらずほぼ毎月定額で発生するのが固定費です。家賃はもとより、水道光熱費・通信費や旅費交通費、消耗品費、報酬、医師会の会費等、また医療機器や電子カルテ等の保守料なども見積もっておく必要があります。この部分は追加費用が発生しがちな部分であることから、ある程度多めに設定することをお勧めします。

図表 3-2-7-① 保険収入の前提条件を変更した事業計画・収支予算書

通常診療単価と稼働日数の条件を変更
↓

事業計画・

（保険収入の前提）

通常診療単価	0.60	0.60	0.60	0.60	0.60	0.60
一日患者数（人）	22	24	26	27	28	30
稼働日数（日）	22.0	19.0	22.0	21.0	22.0	21.0

【損益】

	1月	2月	3月	4月	5月	6月
医 業 収 入（保 険）	290	274	343	340	370	378
医 業 収 入（自 費）	15	14	17	17	18	19
収 入 計	305	287	360	357	388	397
薬 品・診 療 材 料	30	29	36	36	39	40
人 件 費	84	84	84	84	84	84
賞 与						
リ ー ス 料	17	17	17	17	17	17
家 賃・共 益 費	35	35	35	35	35	35
水 道 光 熱 費	11	11	11	11	11	11
検 査 委 託 費	9	9	11	11	12	12
保 守 料	5	5	5	5	5	5
そ の 他 経 費	40	40	40	40	40	40
支 払 利 息	5	5	5	5	5	5
減 価 償 却 費	37	37	37	37	37	37
専 従 者 給 与	0	0	0	0	0	0
経費計	273	271	280	280	284	285
税引前利益	32	16	80	77	104	112

【キャッシュフロー】　　黒字はキャッシュイン、赤字はキャッシュアウトを表す

	1月	2月	3月	4月	5月	6月
窓口入金	87	82	103	102	111	113
振込入金	168	185	203	192	240	238
自費入金	15	14	17	17	18	19
入金計	269	281	323	311	370	370
薬 品 費 支 払	−28	−30	−29	−36	−36	−39
固 定 費 支 払	−206	−205	−207	−207	−208	−208
出金計	−233	−236	−236	−243	−244	−247
経常資金繰	36	45	87	67	126	123
新規資金導入	0	0	0	0	0	0
設備資金支出	0	0	0	0	0	0
返済前資金繰り	36	45	87	67	126	123
申告所得税住民税				41		0
源 泉 所 得 税	−6	−7	−8	−8	−10	−10
借 入 金 返 済	−30	−30	−30	−30	−30	−30
差引金額	−1	8	49	70	85	83
生活費等	−50	−50	−50	−50	−50	−50
差引資金繰	−51	−42	−1	20	35	33
資金繰累計	905	863	862	882	917	950

←資金繰り累計のボトム

収支予算書

02年

0.60	0.60	0.60	0.60	0.60	0.60	0.60
32	34	36	38	39	40	31.3
22.0	22.0	21.0	22.0	21.0	22.0	257

7月	8月	9月	10月	11月	12月	年間合計
422	449	454	502	491	528	4,841
21	22	23	25	25	26	242
444	471	476	527	516	554	5,083
44	47	48	53	52	55	508
84	84	84	84	84	84	1,002
18					28	46
17	17	17	17	17	17	204
35	35	35	35	35	35	420
11	11	11	11	11	11	132
13	14	14	16	15	17	152
5	5	5	5	5	5	60
40	40	40	40	40	40	480
5	5	5	5	5	5	57
37	37	37	37	37	37	444
0	0	0	0	0	0	0
309	294	295	302	300	333	3,506
134	177	181	225	216	222	1,577

7月	8月	9月	10月	11月	12月	年間合計
127	135	136	150	147	158	1,452
259	265	296	314	318	351	3,027
21	22	23	25	25	26	242
407	422	454	490	490	536	4,722
−40	−44	−47	−48	−53	−52	−481
−228	−210	−211	−212	−212	−240	−2,554
−268	−255	−258	−260	−264	−292	−3,035
139	167	197	230	225	244	1,687
0	0	0	0	0	0	0
0	0	0	0	0	0	0
139	167	197	230	225	244	1,687
						41
−11	−11	−13	−14	−14	−16	−128
−30	−30	−30	−30	−30	−30	−365
98	126	153	186	181	198	1,235
−50	−50	−50	−50	−50	−50	−600
48	76	103	136	131	148	635
998	1,073	1,177	1,313	1,443	1,591	1,591

図表3-2-7-② 保険収入の前提条件を変更した事業計画・収支予算書（年別総括表）

（保険収入の前提）　　　　　　　　　　　　　　　　　　　　　　（金額単位:万円）

	1年目	2年目	3年目	4年目	5年目	6年目
通常診療単価	0.6	0.6	0.6	0.6	0.6	0.6
一日患者数（人）	15	31	45.8	52.9	57.9	62.9
稼働日数（日）	257	257	257.0	257.0	257.0	257.0

【損益】

	1年目	2年目	3年目	4年目	5年目	6年目
医業収入（保険）	2,244	4,841	7,059	8,156	8,927	9,698
医業収入（自費）	112	242	353	408	446	485
収入計	2,356	5,083	7,412	8,563	9,373	10,183
薬品・診療材料	236	508	741	856	937	1,018
人件費	734	1,002	1,249	1,249	1,249	1,249
賞与	0	46	125	125	125	125
リース料	102	204	204	204	204	0
家賃・共益費	420	420	420	420	420	420
水道光熱費	120	132	144	144	144	144
検査委託費	71	152	222	257	281	305
保守料	12	60	60	60	60	60
その他経費	420	480	540	600	660	720
支払利息	60	57	52	46	41	35
減価償却費	417	444	260	260	260	221
専従者給与	0	0	0	0	0	0
経費計	2,592	3,506	4,018	4,222	4,382	4,298
税引前利益	-236	1,577	3,394	4,341	4,991	5,884

【キャッシュフロー】　黒字はキャッシュイン、赤字はキャッシュアウトを表す　　（金額単位:万円）

	1年目	2年目	3年目	4年目	5年目	6年目
窓口入金	673	1,452	2,118	2,447	2,678	2,909
振込入金	1,218	3,027	4,757	5,616	6,158	6,698
自費入金	112	242	353	408	446	485
入金計	2,004	4,722	7,227	8,471	9,283	10,092
薬品費支払	-208	-481	-727	-849	-930	-1,011
固定費支払	-1,939	-2,554	-3,016	-3,105	-3,184	-3,059
仕金計	-2,147	-3,035	-3,744	-3,955	-4,114	-4,070
経常資金繰	-143	1,687	3,484	4,516	5,168	6,022
新規資金導入	5,095	0	0	0	0	0
開業資金支出	-3,595	0	0	0	0	0
返済前資金繰り	1,357	1,687	3,484	4,516	5,168	6,022
申告所得税住民税	0	41	9	-1,339	-1,557	-1,856
源泉所得税	-41	-128	-214	-256	-282	-310
借入金返済	0	-365	-365	-365	-365	-365
差引金額	1,316	1,235	2,914	2,556	2,965	3,492
生活費等	-360	-600	-720	-960	-1,200	-1,200
差引資金繰	956	635	2,194	1,596	1,765	2,292
資金繰累計	956	1,591	3,785	5,381	7,146	9,438

③　絶対に避けるべきは「資金ショート」

　開業時に作成する収支計画は、当然ながら上ブレもあれば下ブレもあります。上ブレは嬉しい誤算で済みますが、下ブレのリスクに備えて準備するのが「運転資金」となります。

　運転資金は、いわば開業時の余剰資金ですが、事業計画で、"悪くてもこのぐらいあれば立ち上がります"という事業の想定に沿った資金であり、これを消化してもなお不足が生ずる場合には、事業計画に基づき融資した銀行サイドではその事業計画が甘かった、ま

た運営が想定外に悪かったという評価となります。そして赤字補填の追加融資の際はどうしても審査が厳しくなり、借りられたとしても条件は当初より悪くなるのは避けられず、万一、資金不足がカバーできない場合には事業の継続そのものが厳しくなってしまいます。

　クリニック開業の肝は、立上がりの脆弱な期間をいかに乗り切るかであり、無事ランディングした際の余剰資金は早期返済も可能なことから、資金ショートの事態を極力避けるため、慎重な計画策定とともに十分な運転資金の用意を考えることがポイントになります。

4　診療科別収支計算

　図表3-2-8には、テナント開業における主な診療科別の事業計画策定上の数値を簡単にまとめています。

　この数とはあくまでも目安ではありますが、ここから大きく外れた計画・前提には特段の理由か別の意図がある可能性がありますので参考としてみてください。

図表3-2-8　テナント開業における主な診療科別の事業計画策定上の数値

項　目	前提条件	内科一般 (循環器モデル)	整形 外科	小児科	皮膚科	眼科 (オペなし)	精神科	脳神経外科 (MRI導入)
標準面積	テナント開業/坪数	40	75	35	30	45	30	50
不動産契約	保証金他	400	750	350	300	450	300	500
内装費用	附属設備込の目安	2,000	3,750	1,750	1,500	2,250	1,500	5,500
医療機器・備品	電子カルテ、備品一式	1,800	3,000	1,000	1,600	3,000	800	10,000
医師会入会金	地域による	200	200	200	200	200	200	200
広告費・消耗品費	内覧会等含む	300	300	300	300	300	300	300
計		4,700	8,000	3,600	3,900	6,200	3,100	12,500
運転資金		2,000	2,000	1,000	1,500	2,000	1,000	3,500
合計		6,700	10,000	4,600	5,400	8,200	4,100	20,000

（中澤修司）

資金調達の考え方

 開業資金の全体像と調達方法を把握する

　開業時の資金計画は、前節の「研鑽会クリニック」の事業計画で紹介したとおり「何のための資金を、どのように用意するか」を不足なく組み合わせることで作成できます。つまり、必要な資金が何らかの方法で手当てできればよいわけですが、実際には使途や支払いのタイミングにより、より適当な調達方法の組合わせを考えることになります。

(1) テナント契約費用

　いわゆるテナント開業の場合、まず場所の確保がしっかりできないと具体的な開業計画が進まないことから、契約時の諸経費や敷金等は一般的に自己資金を使って支払うことが多いと思われます。特に都心部の物件に関しては、契約時の支払資金が比較的高額となることがありますが、これを賄えるレベルで自己資金を用意しておければまず安心です。

(2) 土地取得、建築・内装工事資金

　土地を取得する場合、また建築や内装工事を施す場合には、開業計画が実際に進展していることから、通常は計画に沿って外部から借入等で資金を導入して支払うこととなります。

　ただし、不動産取得等の契約時に手付金等を支払う必要がある場合には、一時的に自己資金を充てる、または銀行より「つなぎ融資」といわれる一時的な別段融資を借りてこれを支払い、引渡時に残金と手

付け分とを合わせてあらためて融資を受けるケースも多いところです。

(3) 医療機器・備品

　導入のタイミングとしては開業直前が多いことから、設備資金として一括融資を受けた資金から支払う、またはリースや割賦を利用することが一般的です。ただし、備品等で少額のものなどは自己資金で購入することもあります。

(4) 開業経費、運転資金

　医師会の入会金や開業時の印刷物、消耗品、またスタッフ募集等や内覧会等の広告費用、コンサル費用などについては、通常開業経費等として融資を受けた資金を使って支払います。また、運転資金についてはある程度ボリュームを持たせる必要があることからやはり銀行融資を使いますが、すぐに使い切る性質のものではないことから、最後に自己資金を残して充てるケースも多いところです。
　ここで、資金導入の金額とタイミングを、前節の「研鑽会クリニック」の事業計画に沿って表現してみます。

図表 3-3-1　開業スケジュール概要と資金（テナント開業の場合）

（単位：万円）

		8月	9月	10月	11月		12月	1月		合計
イベント		テナント契約	内装工事契約		内装引渡し	医療機器設置	内覧会その他準備	開業運転資金	医師会入会等	
必要資金		245	875		875	1700	550	1,500	200	5,945
調達	自己資金	245					250	600		1,095
	銀行借入		875		875	850	300	900	200	4,000
	リース					850				850

つなぎ融資等実行　900

正規資金融資実行　4,000

リース契約締結

つなぎ融資返済　△900

2 融資のポイント・注意すべき点

(1) 自己資金はどの程度必要か

　開業に際し、自己資金は多いに越したことはありません。ただ開業前のドクターの財政状態は様々であり、特に開業適齢時期といわれる40代前後にお子さんの教育資金や住宅資金等も嵩み、人生において最も資金が必要な時期と重なってしまうことが多いため、それほど潤沢に自己資金を用意できる方は少数派といえます。

　一般に、自己資金は開業資金全体の10〜20％程度を準備するのが標準といわれていますが、もちろんそれ以上やそれ未満のケースも多くあります。特にこのところ金融市場で長く低金利が続いており、また金融機関のクリニック開業に対する審査の姿勢も一時期に比べてかなり良好であるため、中には自己資金をほとんど出さずに開業するケースもままあります。

　ただし、自己資金を持っていてなお戦略的にその分も融資を受けるのと、本当になくて出せないのとでは当然、評価が大きく違ってきます。仮に計画上は自己資金を導入しない場合でも、手元資金がありいつでも投入できる状況というのは、融資審査においては、自己資金がしっかり準備されている、イコール場当たり的な思いつきの開業ではなく、時間をかけて慎重に検討し進めた計画であるという評価に繋がり、計画そのものの信頼度が増すことになります。

　また所得と貯蓄との関係から、堅実な経済観念を持っているタイプか、といった面にも審査の要素は及びます。中には開業資金を早々に浪費してしまい、追加融資を申し込むケースなどもありますが、そのような場合の融資審査は非常に厳しいものとなることに、十分留意する必要があります。

(2) 融資条件の考え方

　資金を借り入れるときの条件としては、「金額と担保・保証人の有無」のほか、「金利」や「返済期間」といったものが比較検討の材料となります。

　まず、融資に際して不動産等を担保とする場合、その評価額がいくらか、また保証人がいるかどうかなどで借入可能な金額が決まってきます。また、金利は原則的に融資に対する危険度に比例するファクターですので、この担保・保証人の程度や借入期間により上下します。

　つまり、十分な担保や保証人があって、期間も短い融資であれば設定金利は最も低くなるわけですが、近年のクリニック開業資金は公的金融機関・民間銀行ともに「無担保・無保証人」の融資が増えつつあります。もちろんこの形態の融資額には上限がありますが、金融市場の動向と合わせ、医師の開業に対する客観的なリスク統計の結果がこのような環境をもたらしていると思われます。融資の常識からすると、これは実績のない事業計画に対していわば例外的な取扱いであるといえますが、この「無・無」の形式で十分な条件の融資が可能であれば、まずそれを選択するのが最良といえます。

　そして融資金利は低く、返済期間はなるべく長く設定することが望ましいところ、前述のようにこれら条件は基本的には背反することから、どちらの条件を優先するかという選択の場面が出てきます。心情的には、金利のほうを選択して余計に発生する利息を抑えたくなるところですが、この場合は基本的に返済期間を長くする選択をするほうがリスク回避になります。

　この判断は、当然金利の差にもよりますが、例えば融資1,000万円とすると、金利差が0.1％の場合、金利差による支払差額は初年度で年間10万円程度なのに対し、返済期間が7年の場合と10年の場合とでは毎年の年間返済額で約43万円の差が生じます。

　開業当初は何よりも資金繰りを優先すべきであること、また支払金

利は必要経費となり、所得が上がるほど節税効果が生じて実質負担が減ること、さらに資金余剰ができたときには繰上返済も可能なこと等を考慮すると、融資は金利条件よりも期間を優先して選択することを是非お勧めします。

3 リースと購入、どちらが有利か

　医療機器や備品等の導入に際し自己資金以外で調達を考える場合、リースを使うか、または融資を受けて購入するか、の選択が問題となることがあります。

　ここで、リース契約とは一般に「ファイナンス・リース」を指しますが、これはユーザーが指定した物品をリース会社が買い取り一定の期間賃貸するもので、以下のような特徴があります。

(1) メリット

① 「融資審査→購入」に比べ一般に利用が簡易
② 融資の枠を別に使うことができる
③ 所有物品に比べて固定資産税や保険などの管理手数がかからない
④ 利用期間がある程度伸縮可能

(2) デメリット

① 融資の金利と比べて一般に割高
② 途中解約ができない（相当額の違約金が生じる）
③ 期間満了時には新たに少額の再リース契約を結んで使用を続けるか、返却するかの選択となる（買取りが可能な場合もある）
④ 特別仕様の必要な物品には原則的に対応しない
⑤ 税務上の特典（特別償却等）が受けられない

つまり、実質的にはリース期間で分割購入するのに近い経済効果がありますが、ポイントとしては次の判断で選択を進めることが適当であると思われます。

○　買い換えず長期に使用するものは購入とする
○　使用（可能）期間が比較的短い物品は銀行融資での購入と比較しリースを考慮する
○　銀行融資枠をなるべく広く使いたい場合にはリースを利用する

4　身内からの資金の使い方

開業時にご両親や祖父母等の身内から資金の提供があるケースも、あると思います。

銀行から調達する場合には当然金利がかかるところでもあり、また身内からの資金は融資審査の上でも状況により「自己資金」扱いとできることから、ありがたく使いたいところです。

ただし、扱い方を誤ると税務署から「贈与」と認定されて高額な贈与税を負担しなければならない場合もあり得ることから、取扱いは慎重に進める必要があります。この場合の留意点は、以下のようになります。

(1)　契約書を作成し、各条件を明記しておくこと

身内といえどもお金を借りた場合、他者からのものと同様に借用書または金銭消費貸借契約書を作成することが、まず基本となります。その際には返済期間や返済日、金利などの約定を明記することで、通常の金銭貸借の形式が整うことになります。

ここで、設定する返済期間は現実的な期間にすること、また、手元資金を出してもらう場合であっても原則的に金利は設定することがポイントです。

(2) 約定に従い、定期的に通帳へ返済の記録を残しておくこと

　形式的に書類を作成しただけでは贈与認定のリスクが残ります。実際に約定どおりに返済記録を残すことが現実的には重要であり、忘れることのないよう続ける必要があります。

(3) 一括贈与の認定に注意

　いわゆる「暦年贈与」（オーソドックスな通常の贈与）の場合の基礎控除額が110万円であることから、返済予定額を毎年110万円までとし、その額の贈与を受けることで返済に代えるケースがありますが、これは返済計画全体の贈与と見られる可能性があります。このような場合には返済資金そのものを別途贈与してもらい、そこから返済する形をとることが安全です。

(4) 相続時精算課税は効果をよく確認すること

　事前に税務署に選択・申告することで、60歳以上の父母・祖父母から2,500万円までの資金を贈与税無税で受け取ることができる制度が「相続時精算課税制度」です。この制度は、その名のとおり贈与した人（父母・祖父母）の相続の時にこの贈与資金を相続財産に加算して相続税を計算するもので、相続税がかからない範囲の人が行うことで世代間の資金移動が生前に可能となる反面、相続税の対象者は贈与分の相続財産が固定化されることで相続税が減らない、というデメリットがあります。

　この制度を使って開業資金を調達しようとする場合、その効果や上記デメリットをよく勘案して実行することが大切です。

5 資金導入の優先順位

　開業資金を手当てする場合、自己資金や後述の助成金以外の部分は金融機関から調達することとなります。

　ここで、金融機関の類型とその特性について概要を挙げてみます。

(1) 独立行政法人福祉医療機構 (WAM)

　厚生労働省所管の独立行政法人であり、社会福祉事業施設や病院、診療所等の建築、購入資金を中心に融資を行っています。

　融資の特徴は、下記のとおりです。

> ・基本的に長期（20年以内）
> ・固定金利（融資期間中の金利変動リスクが排除できる）
> ・低利率（新築対象・20年で年利0.8%（平成28年1月14日現在））
> ・診療所の場合、不足地域のみ対象
> ・融資額は所要額（建築工事費と設計監理費）の70%が上限となる
> ・土地建物の担保設定が必須（第1順位）、原則的に保証人が必要
> ・融資手続がやや煩雑で期間を要する

　クリニックの場合は、主にへき地等での開業が対象になります。

(2) 日本政策金融公庫 (旧　国民生活金融公庫ほか)

　中小企業向けの政府系金融機関であり、クリニック開業では最もオーソドックスな貸し手として認識されています。

　融資の特徴は下記などで、一般的に最初に検討する金融機関といえます。

- ・固定金利（融資期間中の金利変動リスクが排除できる）
- ・比較的低利（年利1～2%）
- ・定型的な審査で融資手続は比較的スムーズ
- ・無担保無保証人枠が1,000～2,000万円ある

（3）自治体制度融資（市区町村または都道府県）

　地場産業の振興等を目的とした資金制度で、自治体独自で融資または金利補塡などを行います。個別の制度であるため、条件は自治体によりすべて異なります。

　開業予定地の自治体が制度融資を行っている場合、金利条件などは最も有利となる可能性があるため、少額でも調査する必要があります。融資の特徴は、概ね下記のとおりです。

- ・固定金利
- ・低利（年利0.6～1.5%程度）
- ・基本的に無担保
- ・限度額が低いことが多く資金の一部を構成するのみ
- ・基本的に別途信用保証料がかかる

（4）医師信用組合

　各都道府県の医師会員の相互扶助を目的に活動を行っている金融機関です。状況によりかなり良い条件であることも多く、医師会に入会する予定のある場合には情報を得てみることをお勧めします。融資の特徴は、次のとおりです。

- ・医師会員限定のため、審査が独自の基準で比較的借りやすい
- ・担保評価も比較的高く、融資期間も長い
- ・担保がないと借りづらい
- ・東京都など組合が存在しない都道府県もある

(5) 民間銀行等

　上記（1）～（4）の資金を使って不足のある場合、民間の各銀行の融資を使うことになります。近年は、クリニック開業に特化したパッケージ商品を作るなど、都銀・地銀ともに積極的に融資枠を広げ、医療機関への貸付けを拡大する姿勢がみられます。融資の特徴は、下記のとおりです。

- ・基本的に変動金利
- ・原則的には審査は個別、金額により担保が求められる
- ・パッケージ商品の開業ローンの場合、審査や条件が概ね一律で有利
- ・競合する場合など、融資限度を増やす・金利を下げるなどフレキシブルな対応も期待できる

(6) ノンバンク

　リース会社などの金融機関も、いわゆる直接金融に積極的に乗り出しているところがあります。融資の特徴は、下記のとおりです。

- ・金利条件はやや高め
- ・融資審査が早く比較的借りやすい
- ・運転資金など用途をそれほど限定せずに使いやすい

6 助成金は積極的に使う

　助成金、奨励金は、国や公共団体等がその政策を進めるために設定するもので、融資と違い受給したら返済義務はありません。クリニック開業に際して使える助成金があれば積極的にこれを調べ、活用することが大切です。

(1) 創業補助金

　中小企業庁の予算で、一定の地域・要件で創業する個人・法人に対して上限200万円の補助をするものです。

　単年予算で規模や要件は毎年変動しますが、医療関係でも受給実績が公表されていることから、一度は検討してみる価値があります。

(2) キャリアアップ助成金

　労働系の助成金は様々なものがありますが、現在注目を集めているのがこのキャリアアップ助成金です。非正規雇用職員に対する一定のキャリアアップの取組みをした後に正規雇用した場合、また一定の処遇改善や健康管理を行った場合などケースに応じて細かく助成金が設定されており、クリニックでもある程度以上の人数のスタッフを雇用する場合には、受給が可能となる場合があります。要件や手続きが非常に煩雑なので、事前に社会保険労務士に相談しながら準備を進める必要があります。

　補助金・助成金は主に経営基盤の脆弱な小規模事業所に向けられた制度であることが多いのですが、クリニックといえど創業時は財政的に厳しく、適用できる制度があれば申請できるよう、情報を上手にキャッチしていくことが重要といえます。

（中澤修司）

第4章　開業地の選定

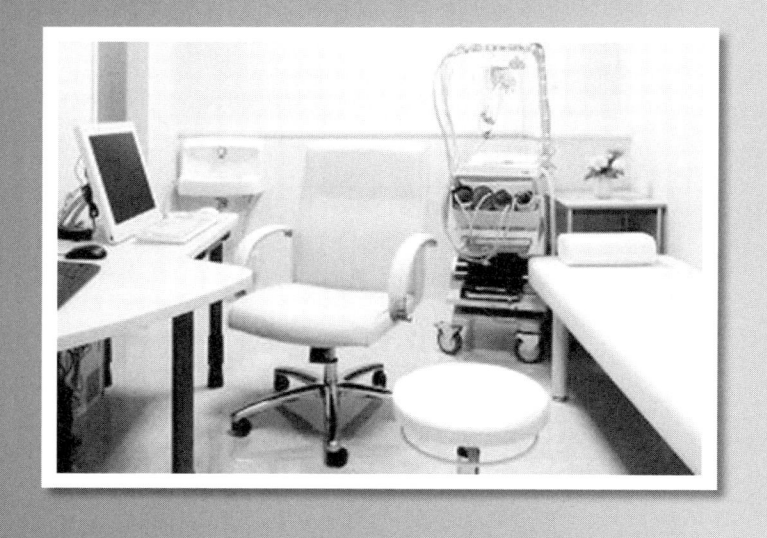

第 1 節 エリア選定の考え方

1 開業するなら「都心部」か「郊外」か

開業地を選定するにあたり、何らかの地縁のある場所を考えるケースも多いところですが、一方で理想のクリニックを実現するため、場所の選定を様々に検討するケースもまた多くあります。そして、そのような場合にしばしば対比で出されるのが、まず「都心型」とするか「郊外型」とするかの選択です。

一律に都心はこう、郊外はこうと決めつけられるものばかりではありませんが、一般的な傾向として次のようなことが挙げられます。

図表 4-1-1　開業場所の特性比較①

	都心部開業	郊外型開業
主なメリット	利便性が高い ・生活面・教育面 ・研修等スキルアップ面 人口が多い・増加している 老年人口の増加が見込まれる	競合が比較的少ない 　　→立ち上がりが早い 診療圏が広い 運営コストが安く利益率が高い 自己所有物件で開業可能
主なデメリット	競合が多い 診療圏が狭い 運営コストが高く利益率が低い ・土地、家賃等 ・人件費	生活、通勤に不便 直接得られる情報が少ない 職員採用が難しい 老年人口が停滞 　　→人口減少も現実に

(1) 都心型のメリット・デメリット

　都心の開業のメリットは、やはり利便性が高く職住近接が実現しやすいこと、また人口や対象患者が多いこと、さらに比較的職員採用の幅が広いことなどが挙げられます。一方、デメリットは競合が多くて集患が難しいこと、また不動産コストや人件費などをはじめとした運営コストが高いことです。診療報酬は全国一律であるのに対し、コストがかなり割高であることが多く、一般に都心型のクリニックは利益率が低くなりがちです。

(2) 郊外型のメリット・デメリット

　郊外型の特性は、やはり都心型と裏返しとなることが多くなります。メリットは何よりまず競合が少なくて比較的集患に困らないこと、結果として開業後の経営安定までの時間が短くなることが多いことです。また車社会で診療圏が広いケースも多く、口コミが広がるとかなり遠方からも来院が見込まれます。

　そして様々な運営コストが都心と比較して安く、利益率が高くなります。また家賃を払うのではなく、土地建物を自己所有して開業しやすいことも、メリットの1つといえます。

　一方、デメリットはどうしても不便であること、状況によっては通勤が難しく、単身赴任の状況もあり得ることです。また周辺に労働人口が不足するような場合、スタッフ採用が難しくなることもあります。

　そして近年、首都圏近郊でも老年人口増加のピークが過ぎて人口減少が始まっている地域があり、同様のことは今後、全国的な重要課題となります。これから10年後、20年後に診療圏内の人口構成がどのように変化するのか、シビアに検討する必要があるエリアもあり、その意味では運営の可変性をどこかに持てるよう工夫するなど、今後は自院の中長期的戦略を考えていく必要も出てくると言えそうです。

2 駅前立地か、住宅街立地か

およその開業エリアを選定した後で、今度は駅前のロケーションとするか、住宅街での開業とするかの選択といった問題もあります。

(1) 駅前立地のメリット・デメリット

駅前と住宅街の比較は、都心と郊外の比較にやや近い要素がありますが、駅前立地のメリットは何と言っても利便性が高く人が集まりやすいことにあります。通勤通学は勿論、駅前には商業施設も多いことから必然的に人通りが多くなり、人目に触れやすくかかりやすいことから、一般には一定の患者数を確保するのが早い傾向があります。近隣に調剤薬局がある場合も多く、連携をとりやすいこともメリットです。

また、テナント開業の場合には物件が見つけやすく、さらにスタッフの採用にも通勤に便利なことは有利となることなども、利点として挙げられます。

図表 4-1-2　開業場所の特性比較②

	駅前立地	住宅街立地
主なメリット	利便性が高い 人が集まりやすく集患に有利 テナント物件が見つけやすい 通勤し易く採用に有利 調剤薬局との連携が容易	競合が比較的少ない 独立した居住圏から来院がある 近隣の採用がしやすい 運営コストが安く利益率が高い
主なデメリット	競合が多い（将来も） →競合に勝つ優位性が必要 運営コストが高く利益率が低い 目立つ店舗が多く埋没しがち	運営、通勤に不便 駅利用の職員が採用しづらい 認知されるまで時間がかかる 適当なテナント物件が見つけづらい 近隣に調剤薬局がない場合がある

一方、デメリットとしては必然的に競合が多いこと、より駅に近いところにライバルが開業する可能性があることで、この競合関係に勝っていくためには何かしらの優位性を維持していく必要があります。また、家賃や駐車場などが比較的高額になることに加え、他の商業施設・店舗が目立つ場所の中にあって、場所がわかりづらく埋没してしまうケースもあり、具体的な場所の選定は意外に難しい側面もあります。

(2) 住宅街のメリット・デメリット

　他方で住宅街は競合が少なく、将来的にもライバルの出るリスクが相対的に低いのがメリットの1つです。独立した生活圏となっているエリアもあり、かかりつけとしての機能で患者を集めやすいこと、また同様のエリアから採用がしやすいという側面もあります。さらに家賃等のコストも比較的安いことから、少ない患者数で損益分岐点を超えやすいというのも、わかりやすいメリットです。

　一方でデメリットとしては、やはり買い物や銀行対応、通勤などの運営面が不便となること、またそのような理由から駅利用の職員の採用が難しいという点が挙げられます。また、一般的には駅前とは逆に患者数を増やすのに時間がかかる傾向があること、さらにテナントでの開業場所を探すのが限定的になることなどがマイナス点となります。近隣に調剤薬局がない場合、新たに誘致、または院内処方等を検討する必要がある場合もあります。

　ただ、どのようなクリニック運営をするかといった戦略的な要素から、場所はある程度選定され絞り込まれていくものと思われます。いずれにしてもそれぞれの立地には良い点と弱い点があり、自院の目指す方向に沿った立地で、よりメリットを生かして運営していくことが大切になります。

（中澤修司）

　診療圏調査は信じていいの？

1　診療圏調査の考え方

　開業セミナーや医療モールの広告に、必ずと言ってもよいほど登場する「診療圏調査」ですが、その考え方は非常に古典的なマーケティング理論そのものです。

　もちろん、古典的だから無意味というわけではなく、ある意味「教科書的」な手法であると言ってもいいでしょう。

　まず、地図上に候補地を中心にして患者さんの動く範囲を想定した円を描きます。その円の半径は診療科ごとにおおよそ定まっており、一般的な内科等であれば500m、耳鼻科、皮膚科等であれば1,000m、精神科等であれば2,000m といった形で、専門性の高い診療科ほど広く設定することになります。その際、その半径は患者の主な移動手段が徒歩、自転車等、車、電車であるかにより大きく異なり、実際には患者の平均像を想定しながら教科書的な数値に補正を加えていくことになります。

　また、その円内に河川や線路等患者さんの日常生活圏域を分断する障害がある場合、その障害から先を除外して、住民が通常来院してくれそうな範囲（診療圏）を設定します。

　そして、市町村が公表している町丁別人口データを基に、その診療圏の人口を特定し、厚生労働省が公表している診療科ごとの受療率を掛け、1日当たりの診療圏内の患者数を算出します。

　その患者数を、同一診療科を持つ競合先医療施設に開設予定の自院を加えた施設数で割ると、1日1院当たりの想定来院患者数が算出されます。その際、競合先医療施設としては完全に診療科目の一致するもののほか、高齢者を想定した整形外科とペインクリニック等、診療

図表 4-2-1　診療圏調査報告書の地図（例）

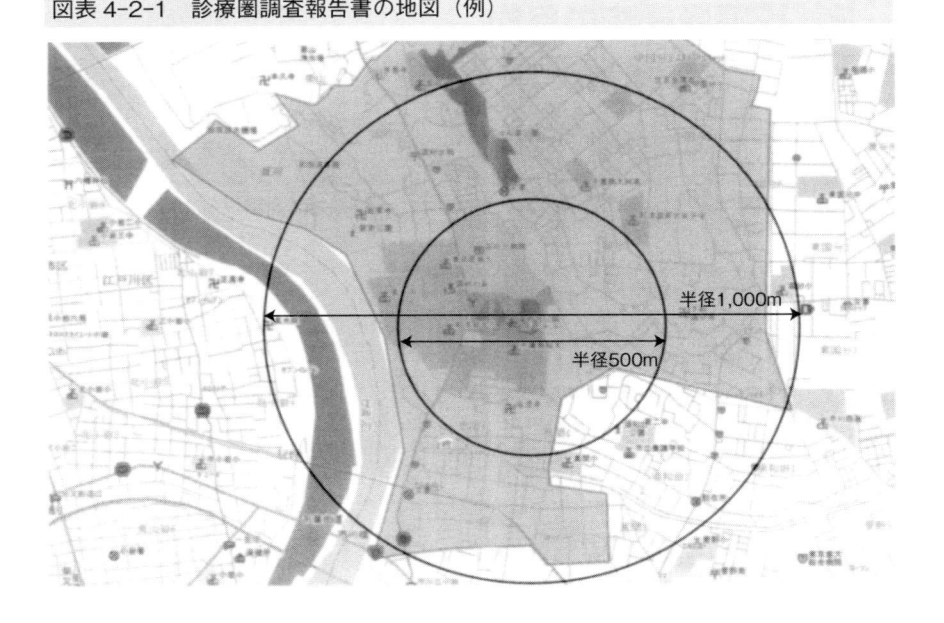

半径1,000m

半径500m

科は違っても実質的に同じ患者層をターゲットにすることが考えられる診療所を加えることもあります。また、統計上は存在する医療機関であっても、医師の高齢化や病気等ですでに廃止または休止中のものを除外しますが、休止中であっても後継者がいる場合はあえて除外しない等、分母となる競合先医療施設数は１つ狂うと想定患者数の数値が大きく変わってきますので、個別に調査してから競合先医療施設としてカウントすることの可否を検討します。

　また、診療圏内の人口に、夜間人口と昼間人口の大きな差や、患者として通院する際の流入傾向や流出傾向がある等の地域特性がある場合は、診療圏内の人口にその分の補正を加えた上で、前述の計算で１日当たりの想定来院患者数とすることもあります。

　これらの結果を、地図とグラフを交えて１つの冊子にまとめたものが「診療圏調査報告書」となり、その後、いろいろな場面で登場することとなります。

2 診療圏調査の目的

　診療圏調査は、クリニックを新たに開設した場合に何人の患者さんが見込めるかを、ある意味「科学的」に算出する手法であり、一定の客観性を持った情報とされています。

　実際には調査どおりの患者数が来院することは少ない（後述）ものの、医療経営に関する知識がなく、ドクター個人の実力もわからない金融機関等では、今でも診療圏調査の情報をそのまま審査資料とすることもあります。その意味で、「診療圏調査上で多数の患者が見込める」という情報は、資金調達段階では、今でも有効なツールであるとも考えられます。

3 診療圏調査の信憑性はどれくらいある？

　前述のとおり、診療圏調査そのものは客観的情報ですが、注目すべきはその調査を「誰が」「何の目的で」行っているか、という点です。

　1で述べたように、診療圏調査では円の半径や競合先医療機関数、障害物等様々な前提情報を「設定」することが出発点になり、勘の鋭いドクターはすでにおわかりのとおり、「設定」には多くの「バイアス」がかかる余地が存在します。設定条件を少し変えるだけでも、想定来院患者数を 1.5 倍にするくらいはできてしまうものです。

　また、診療圏調査専用ソフトは市販されており、まったく知識や経験のない"にわかコンサルタント（？）"や、きちんとした勉強をすることなく、長年にわたって「勘と経験」で実務だけをこなしてきたコンサルタント（勘サルタント？）であっても、地図やグラフできれいに彩られた「診療圏調査報告書」は簡単に作ることができます。

　勿論、体系立てて医療経営コンサルタントとして勉強し、実務の研鑽を重ねている一流のコンサルタントが、科学的エビデンスに経験則で補正を加えて諸条件を設定した診療圏調査報告書には、高い価値があることは言うまでもありません。

診療圏調査が無料か有料かにかかわらず、調査をしてくれるコンサルタントの力量や職務上の立場、所属する組織の収益構造等のバックグラウンドまで考え合わせ、どこまで信頼できそうかを見極める力量は、ドクターが経営者になられるにあたっての重要なポイントになるかもしれません。

4　診療圏調査どおりの患者さんが実際に来院するか？

　これまで述べてきたとおり、診療圏調査で算出されるのは、単純に「地域内の疾患ごとの患者数を対応する医療機関数で割ったもの」でしかなく、そこには医療機関相互の「競争力」といった要素は一切加味されていない、あくまで「理論値」としての患者数ということになります。まして近年では、インターネット等情報伝達経路の発達や患者の専門医志向等により患者の受診行動も複雑化し、従前の受診行動を前提とした予想が成り立ちにくくなっており、結果として診療圏調査で算出された理論値の2倍以上の患者さんが来院する診療所もあれば、理論値の半分以下の診療所も存在します。

　ただし、初診患者の集まり具合や、開院後すぐの来院患者数は、正確に調査された診療圏調査の結果に近いように、筆者も感じています。しかし、その後の再診患者の定着率や最終的な来院患者数のピーク値に至っては、診療圏調査の結果とほとんど関係なく、ドクターやコメディカルの技術やサービスの質に依存する傾向が顕著です。

　その意味で、診療圏調査については、信頼できる出所のデータであれば、経営上の数字の「立上がり」を占う意味での目安、と割り切って考えることをお勧めします。

5　診療圏調査を補正する

　では、せっかくコンサルタントが作ってくれた診療圏調査を活かす方法はないものでしょうか？　筆者は、診療圏調査報告書を基に以下

の項目について補正を加えていくことで、より現実に近い数字を試算することをお勧めしています。

(1) 競合先について

　診療圏調査での競合先は、同じ診療科を標榜している医療機関をすべて並べていますが、同じ診療科目を標榜していてもメインでやっている診療科か、あまり力を入れていない診療科であるかによって、競合先としての重要度が違うことは当然です。

　また、競合先の開設者が高齢である等、実質的に競争力を失っている場合もあり、その場合はそのクリニックの後継者の有無までを調査し、競合先から外すか、逆に将来の有力競合先としてカウントするかの大きな違いが発生します。

　競合先が有力競合先であるか否かについては、著名なドクターが在籍する、ドクターの人当たりが良い（悪い）、クリニックモール等で患者が通院しやすい、階段等があって通院しにくい等を加味して、患者吸引力のある競合先であるかについて確認することが重要です。

(2) 都市計画、マンション建設計画等による人口動向

　市区役所に出向き、今後 10 年程度の近隣の都市計画を調査することも有効です。

　開院予定地の診療圏と考えている地区が、この先、人口増加傾向にあるか否か、年齢構成はどう変化するか、都市計画等により住民の生活動線がどう変化するか、等について調査することで、現時点よりも理論値が上向く傾向にあるか否かにつき、推測することができます。

(3) 夜間人口、昼間人口の差

　調査に使う人口は住民基本台帳上の人口、すなわち「夜間人口」で

あることがほとんどです。開院予定地が比較的職場に近い住宅地であればこの数字はそのまま当てはまることが考えられますが、首都圏外周部等、通勤経路が比較的長い場合等は、昼間人口は大幅に減っていることが予想され、逆に都心部であれば住民ではないものの昼間は職場近くで受診することの多い層が存在します。このような差異が予想される場合には、平日と休日、昼間と夜間等、時間帯や曜日を変えて同じ地区を歩いて回ってみる「定点観測」により、この違いを感じることができる場合があります。

　逆に、昼間人口が少ないことがわかっても高齢者だけを対象にするクリニックであれば、そもそも気にする必要はないかもしれません。

(4) 住民の意識　実際の距離と感覚的距離の乖離

　もともとの街の成立ちや学区割等により、地図に現れない「壁」が存在する場合があります。町村合併で同じ自治体になったものの、住民の意識は逆のほうを向いている地区等も実在しますので、ドクター自身が地元出身でない場合は、近隣住民の感覚を意識的にヒアリングしてみることも重要です。

　もちろん、これらの情報をすべて加味することは「キリがない」ので、計算する上ではある程度情報を集約して割り切ることも必要ですが、実際に診療圏と想定している地区の周囲を見て回り、情報を集めていく過程で診療圏を実感することができ、その後の診療に役立つ場合も少なくありません。調査報告書をもらったら、競合先を中心にそのエリアを見て回る時間を取っていただくことをお勧めします。

　また、特に専門性の高い医療を提供する場合には、多少不便でも患者は来てくれますので、そもそも診療圏自体あまり気にする必要もありません。診療圏がどの程度影響するかも含め、慎重に検討することが大切です。

（岸部宏一）

物件の選定について

　診療科目にもよりますが、開業に際して、一番大きな出費が医療機器と建築・内装工事費用になることがほとんどです。最近のトレンドとして、なるべく低コストで開業したいという声をよく耳にします。

　勿論理想をいえばベストな場所で医療機器や建築・内装工事費をリーズナブルに抑えて…、となりますが、このような場所を見つけるのは至難の業です。実際には複数の物件を比較検討し、有利な場所であれば多少工事費がかかったとしても回収できる場合もあります。ただし、保険診療メインであれば、あまりにも家賃が高額であったり工事費がものすごくかかったりする物件は見送るべきでもあり、これらを統合的に判断することとなります。

1　物件には戸建てクリニックとビル診療所がある

(1) 戸建てクリニック

　戸建てクリニックを検討する場合には、土地を購入する、土地を借りる、建貸しという3つの選択肢があります。

　土地の購入は、地価の高い都市部では、よほど資金に余裕がない限り必要面積を確保するのが現実的でないため、実際には地方での場合が多いかと思われます。

　また土地を借りる場合には何年契約となるか、期限が来た場合に延長ができるのかできないかといった契約条件を事前に確認することが重要です。

　土地の所有者がドクターのために土地を貸し、建物まで建てて賃貸する、いわゆる「建貸し」という形態の場合、契約期間はオーナーが

設備投資を回収するまでの期間を考慮して、10〜20年程度となることが通常です。この場合も、契約期限が来た場合に延長できるかどうか等の条件を確認しておく必要があります。

　戸建てクリニックの場合は、設計プランも自由度が高く比較的ドクターの希望に合ったクリニックとして作ることが可能であり、土地の面積や形状にもよりますが、駐車場の台数も確保できる場合が多くなります。

(2) ビル診療所

　いわゆる「ビル診」とは新築、既存のビルにテナントとして入居して開業する形態をいいます（以下、本書では「ビル診」と略称を用います）。都心部などで事業用地がない、地価が高く購入が難しい、という場合にはこの形態での開業が多くなります。

　この場合には、スペースの形状や給排水配管の位置、電気容量等が決まっているために、診療科目によってはクリニックに適さない場合や家賃の関係上、賃貸面積を縮小し窮屈な設計になってしまう場合もあります。

　クリニックとして入居する場合、テナント物件には大きく分けて3タイプあります。

①　スケルトン

　天井、壁、床がコンクリートむき出しのような状態です。当然内装費用は一番かかりますが、各種設備工事も比較的しやすく内装工事の自由度に少し余裕があります。

②　事務所仕様

　天井、壁、床が出来上がっており照明器具、エアコンも完備されて

います。場合によっては共用部ではなく室内に流し台やトイレが備わっている場合もあります。机といす、電話を設置すれば事務所として使用できる状態を、事務所仕様といいます。

　設備が整っているので、内装工事費用が比較的安くなるだろうと考えるドクターが多いのですが、クリニックとして使用する場合には間仕切壁を設置し受付、待合室、処置室、レントゲン室、スタッフ室、院長室などを作っていきますので、既存設備の移設・増設が必須となり、移設後の補修も出てきます。このため、場合によっては既存設備の解体費用が嵩み、スケルトンより高くなる場合もあります。

③　医療ビル、医療モール

　クリニックの入居を前提に企画・計画されたビルです。

　特徴としてはスケルトンまたは事務所仕様に近い形での引渡しが多いのですが、クリニック特有の手洗い、流し台、トイレなどが自由にレイアウトできる場合がほとんどです。また電気容量なども考慮されており、レントゲンやその他医療機器を導入しても容量に余裕があるケースがほとんどです。水回りのレイアウトを自由に決められるというのは、クリニックにとってかなりのメリットになります。

　また、他の診療科目も入居してきますので、診療内容が競合しないのであれば地域への認知度も高く、集患効果も見込める場合が多いです。

2　テナント物件の調査ポイント

　テナント物件で開業する場合には、事前の調査が重要なポイントとなります。テナントによってはクリニックの開業をするために予定外の出費につながる、クリニックとして開業できない物件も数多くありますので、重要なチェックポイントをいくつか挙げてみます。

(1) 天井高

　一般的に事務所として貸し出されている物件も多いため、天井までの高さが2.3m以下になると、医療機器を設置する関係上、クリニックとして使用できない可能性があります。

　特に、無影灯や天井走行型レントゲン装置を設置する場合には、それら機器が頭に当たってしまうこととなります。また、医療機器を設置しない場合でも、診察室や処置室といった比較的面積の小さい部屋に区切って使用するために、天井高が低い場合には圧迫感や閉塞感を感じてしまいます。

　まず確認すべきは、天井高が2.4m以上の物件かということと、天井裏のスペースの有無です。これは建築士に現地を確認してもらうか、建物の建築図面を確認することで解消します。

(2) 電気設備

　各診療科目により使用する医療機器は異なりますが、必要な電気容量を確保できなければ医療機器は動きません。電気容量が足りない場合、増やせるのか増やせないのか、増やせるとしてもそのためにどのくらいの金額がかかるのかを把握していないと、後で想定外の出費となります。

　一般的には、電気容量を増やす場合には30〜100万円程度の追加負担が発生します。

(3) 空調設備

　天井高が低い、天井裏のスペースが狭い、天井内配管経路が少ない（ない）といった場合には、エアコンの設置位置が限定されたり設置できなかったりする部分が出てくる場合があります。特に、築年数が経っている物件でこの傾向が強く見られます。

エアコンが既存で設置されている場合でも、クリニックとして使用するにあたり、移設・増設するケースがほとんどです。増設する場合には新たな室外機を設置する必要があり、バルコニー等の設置場所があれば問題ありませんが、設置場所の指定が屋上の場合には設置費用が高額になる場合もあります。また、1台の室外機で複数のエアコンを制御するビルマルチエアコンしか設置できない場合には、最低300万円程度かかるので、テナント選びには注意が必要です。

(4) 換気設備

換気設備に関しても、各部屋に給気・換気を設ける必要があるため、天井内スペースの確認、確保および最終接続先（排出先）の確認が必要となります。もし排出経路が極端に少なく、追加ができない場合には換気計画が不十分になり臭気が他の部屋へ流れる場合もあります。

(5) 給排水衛生設備

クリニック内には当然、手洗い、流し台、トイレといった衛生設備が必要となりますが、テナントビルの場合、排水管の位置が決まっておりそこに接続しなければなりません。そのため、排水管までの距離が長いためテナント区画内に衛生器具が設置できない場合はその場所での開業を考え直す必要がありますし、設置できるとしても制約がある場合には、給排水設備の設置場所を基準として設計を進める必要があります。それでもレイアウト的に支障がなければ大丈夫ですが、場合によっては動線が制限され窮屈もしくは使いにくいレイアウトになってしまう場合があります。

(6) 消防設備

テナント物件の場合は、ビル自体に法律で定められた消防設備が必

要となります。既に必要な設備は設置されていますが、クリニックとして新たに多数の部屋に間仕切るため各部屋に自動火災報知設備や避難口誘導灯等を設置する必要があり、既に設置されている数量では足りない場合が多く、増設を行う必要が出てきます。またスプリンクラーが設置されているような大型の建物の場合には、各部屋にスプリンクラーの設置義務が出てきますので、事前に予算を計上しておくと安心です。費用としては規模にもよりますが100万円～300万円程度になります。

　クリニックにおけるスプリンクラーの取扱いについては、消防法の設置基準で、手術室、分娩室等、火災発生時にスプリンクラーが作動することにより二次的な被害を生じるおそれのある場所については、スプリンクラーの設置が緩和・免除の対象となります。

　しかしながら、スプリンクラーの設置を要しない部分については、スプリンクラー設備自体の設置が免除されているわけではないので、補助散水栓等により防護する必要があります。各所轄の消防署と協議の上、確認し設置することが重要です。

(7) B工事について

　スプリンクラーが設置されているような大型の建物の場合には、注意が必要です。テナント工事を行う業者はC工事業者と呼ばれますが、一部の工事においてビルオーナーからビル指定の業者を使いなさいという指示がある場合があります。この指定業者のことをB工事業者と呼びます。

　なぜ注意が必要かというと、指定業者となりますので金額の交渉も難しいのは勿論のこと、工事金額が結構高いのです。一般的には消防設備工事がB工事業者指定となることが多いですが、中には電気設備工事や空調換気設備もB工事業者指定になる場合があります。

　事前に確認する方法としては、ビルオーナーもしくは仲介不動産業者から事前に工事区分表を入手することです。そこにB工事業者の記載がある場合には、内装工事金額が通常よりかかるということを頭に入れておくほうがよいでしょう。

3 テナントの賃貸借契約のタイミングと注意事項

　テナントとして入居するには、当然賃貸借等の契約が必要です。しかし、契約に際しては、設計上クリニックとして成り立つ物件なのか、成り立つにしても内装工事費用はどのくらいかかりそうなのかを事前に把握しておくことが重要です。気に入った物件が見つかった場合には手付金を払い、仮押さえをすると安心ですが、手付金もキャンセルの場合に戻るのか戻らないのかを、事前に確認しましょう。

　この前後に建築士に依頼し、既存建物の図面を基にドクターの要望に沿った仮のプランを描いてもらうと安心です。同じ坪数でも、入口の場所や形状によってうまく希望が反映される場合とされない場合があるからです。

　また、同時に大まかな内装工事金額も提出してもらえば、事業計画に組み込むこともできます。ビルによっては建物の図面の手配に時間がかかる、もしくは紛失していて見当たらない場合もありますので、このようなケースでは建築士に実際の現場に立ち会ってもらい、採寸してもらうとよいでしょう。

　稀に、物件の契約を先に済ませてから内装設計を依頼されるドクターがいらっしゃいます。このような場合、もし希望に沿うレイアウトができなければ違約金を払って物件の解約をするか、多少窮屈なレイアウトになっても我慢するかということになりますので、やはり手順としては間違いとしか言えないでしょう。

　契約、引渡しの時期については、内装工事着工前であれば問題ありませんが、出店希望者が多い人気のエリアの場合には、数カ月前から契約をする必要が出てくる場合があり、契約時から家賃が発生する場合もあります。逆にビルの築年数が古い、空き店舗のまま数年経過しているようなテナントの場合、保証金の減額、家賃交渉や内装工事期間中のフリーレント等に応じてくれる場合もありますので、不動産業者へ打診してみる価値があります。

（高橋邦光）

誰に相談するか

1 不動産業者は建築の知識を持っていない

(1) できる担当者に要注意

　実際に土地や物件を探し始めるには、不動産業者から情報を得ることになります。また、それ以外にも MR や医療機器会社、銀行、コンサルタント会社やその他関係者などに依頼し、なるべく多くの情報を集め、その中から選択するようにしたほうがよいでしょう。

　それら集まった情報の中から選別していくのですが、何を基準にして選べばよいか、どのようなものが診療所に向いているか、などで迷ってしまうと思います。そこで、先に開業した先輩ドクターに聞いたり、ネットなどで自分が希望するクリニックに似たクリニックや建物を調べたり、土地や物件を紹介してもらった不動産業者の担当者に聞いたりすることがよくあります。

　この、不動産業者の担当者に聞くという部分に、注意が必要です。一般的に不動産と建築は似た業種なので、不動産に携わっていれば当然建築の知識は持っているだろうと思いがちです。しかしながら一般の不動産業者の担当者は建築の知識、ましてやクリニック施設についての知識などはほとんど持っていません。ここで、「私はあまり建築については詳しくないので」と言ってくれる担当者であればよいのですが、できる担当者は、「この土地は診療所を建てるのはまったく問題ありませんよ」「このビルはクリニックに最適ですよ」「他にも問合わせが多数来ていますので、数日のうちに決まってしまいますよ」と言って、契約を迫ってきます。ここで、このできる担当者の言葉を信じて契約をしてしまったら、悪夢へのスタートです。どのようなクリ

ニックをつくりたいかも聞かないで、設計者でもない者が問題ないとか最適ですなどと言えるわけがないのですから。

(2) 相談は専門家に！

　では、どうすればよいのか？　それは、土地や物件の候補が見つかった段階で、建築設計者や建築の専門家に相談し、見てもらうことです。そして、その候補が絞られてきた段階で、一度その土地や物件に具体的に平面プランを描いてもらい、希望するクリニックができるかどうかを確認することです。

　そのためには、土地を探し始めると同時期かそれ以前から設計者を探し始め、土地・物件探しを一緒にやってもらえる設計者を決める必要があります。設計者の選定については第5章に記載していますが、クリニックなどの医療施設の設計実績のある設計者とすることが大切です。

　また、最も相談をしてはいけないのが、悪徳開業コンサルタントです。彼らは、言葉巧みに近づいて来て、安い金額で、土地探し、事業計画、融資から開業まですべてお任せでやってくれます。開業まではスムーズに進みますが、開業してからが大変です。彼らは、融資可能金額いっぱいまでの事業計画を作るので、過剰投資になってしまいます。関係する業者すべてが彼らの息のかかった業者で、不動産業者、設計者、建設業者、医療機器業者など関わるすべての業者からバックマージンを取ります。彼らはドクターや患者さんの利益のために設計や機器の選定に協力するのではなく、すべて自分たちの利益のために動きますので、絶対に引っかからないように注意が必要です。

2　土地・物件の囲い込み問題

　不動産仲介会社は、売主から物件の依頼を受けた場合、その物件情報を故意に情報を隠したり独占したりすることは法律で禁じられてお

り、依頼を受けたときは、期間内に物件の情報を不動産流通機構に登録し、情報をオープンにしなければなりません。

　不動産仲介会社は、物件の売主または買主から仲介手数料をもらうことで業務を行っています。例えば、3,000万円の土地を売主から依頼され売買が成立した場合、成約金額の6％＋6万円を上限に受け取ることができます。売主・買主の両方から仲介手数料をもらえれば、12％＋12万円を得ることができることになります。そこで、多くの不動産仲介会社は売主から依頼された物件の情報をオープンにしなかったり、他の仲介会社からの買い希望に対して、恣意的に紹介しなかったりして、自分のところで買主を見つけ、売主・買主の両方から仲介手数料を得ようとします。これが「物件の囲い込み問題」です。これにより、なかなか売れない状態が発生しますので、売主にとっては大変不利な状態です。

　買主にとっても、なかなか良い物件を買えないということが発生します。土地探しを始めると、「うちは表に出ていない土地情報がたくさんありますよ」とか「この土地はうちだけしか扱えませんよ」などという言葉をたくさん聞くことになると思います。これが、囲い込みです。さらに、「この土地は表に出ていない土地だけど、条件により売りますよ」などと様々な条件を付けてきたりするなどの場合もあります。

　このように、不動産業界は古い慣習があり、閉鎖的で、一般の常識が通用しないところです。悪質な業者につかまらないために、複数の業者と会ったり、多くの土地を見たりして、業界の悪しき慣習を知っておくとよいでしょう。何件か候補案件を見ていくうちに、なんとなく全体的な感じがつかめるようになりますので、焦らず慎重に土地・物件を探していきましょう。

（田邉万人）

建物が建てられない土地がある

1 法 規 制

建物を建てるための土地には、都市計画法、建築基準法、消防法の
ほか各自治体による条例などがあります。

日本国内の土地は都市計画法により、市街化区域と市街化調整区域
に大きく分かれます。

(1) 市街化区域

既に市街地を形成している区域および概ね10年以内に優先的かつ
計画的に市街化を図るべき区域のことです。以下に示す12の用途地
域に分けられており、地域により建てられる用途の建物が制限されて
います。クリニックは「診療所」の用途になりますので、12のどの
地域でも建築が可能ですが、住宅兼用とした場合は、工業専用地域で
は建てられません。

第一種低層住居専用地域	第二種低層住居専用地域
第一種中高層住居専用地域	第二種中高層住居専用地域
第一種住居地域	第二種住居地域
準住居地域	近隣商業地域
商業地域	準工業地域
工業地域	工業専用地域

(2) 市街化調整区域

　市街化を抑制すべき区域です。一部の例外を除いて、原則として建物は建てられません。

　診療所と病院の区別もつかずに、いまだに「病院なら、市街化調整区域でも建てられますよ」などと言っている業者がいますが、そのようなことを言う人は信じてはいけません。

　一部の例外というのは、すでにその土地の周辺地域に人々が生活している集落があり、その人たちの利用に供する公益上必要な建築物として、細かな基準や規定をクリアし、開発許可、建築許可を取得できれば例外的に診療所が建てられる、というような特殊な場合です。そのような説明もせずに大丈夫ですよ、などと言って来る人などは、絶対に信用してはいけません。

　ずいぶん昔に山奥の土地など、建物が建てられない、価値のまったくない土地を売りつける「原野商法」というのがあり、多くの被害者が出ました。市街化調整区域に診療所が建てられると言ってくるのもそのような手合いです。そのようなものに引っ掛からないように気をつけてください。

(3) 建ぺい率・容積率

　敷地には、建ぺい率・容積率が定められます。建ぺい率とは、敷地面積に対する、建物の建築面積（建物の投影面積）の割合、容積率とは、敷地面積に対する、建物の延べ床面積の割合を指します。

　例えば、建ぺい率60％容積率100％の200坪の敷地に、2階建てで、1階のほうが大きい建物を建てる場合、1階の床面積は120坪以内にしなければなりません。また、1階の床面積を建ぺい率いっぱいの120坪にした場合、2階部分の床面面積は80坪以下にして、全体の床面積を200坪以下にしなければなりません。建ぺい率と容積率に算入する面積は細かく法律で定められていますので、実際は多少異な

りますが、目安として頭に入れておくとよいでしょう。

(4) 高さ制限

斜線制限などで、建物の高さが制限を受けます。また、地域により、最高の高さが決められている場合があります。

(5) 日影規制

高さが10mを超える場合などは、日影規制により建物の高さや形状に制限を受けます。用途地域や場所によって制限が異なります。

(6) 防火地域

防火地域、準防火地域、22条地域など場所によって指定があり、これらの地域内の建物は燃えにくい構造や仕上材にしなければいけないなどの、防災上の建物の制限を受けます。

(7) 地区計画

道路から建物までの距離や、屋根、外壁などの形状・色彩など、様々な規制やルールが定められています。

(8) 接道義務

建物の敷地は、道路に2m以上接していなければ建物が建てられません（次ページ**図表4-5-1 ケース①**）。また、路地状敷地（旗竿敷地）の場合は自治体により、路地部分の長さにより接道の長さの基準が変わる場合があるので注意が必要です。東京都の場合は、路地状部分の長さが20mを超えると、接道の長さと路地状部分の幅員を3

ケース①

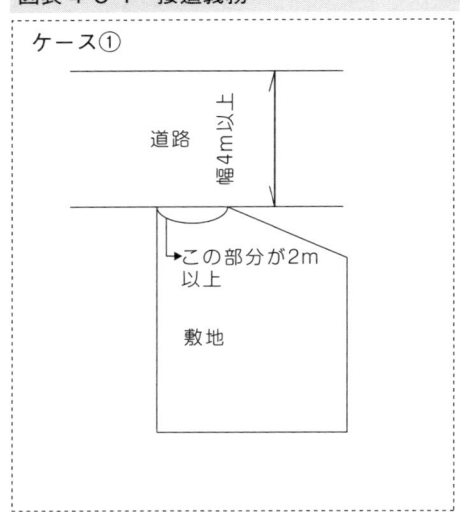

道路

幅4m以上

この部分が2m以上

敷地

ケース①-2

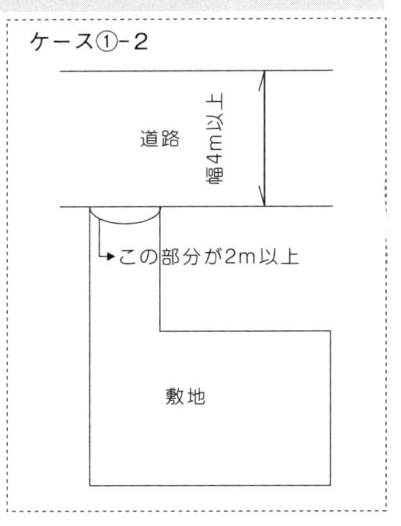

道路

幅4m以上

この部分が2m以上

敷地

ケース②

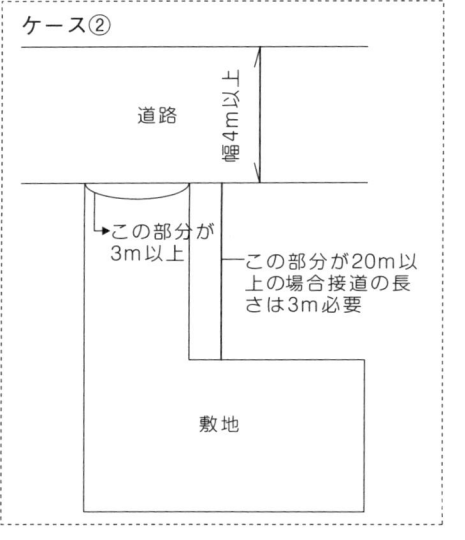

道路

幅4m以上

この部分が3m以上

この部分が20m以上の場合接道の長さは3m必要

敷地

ケース③

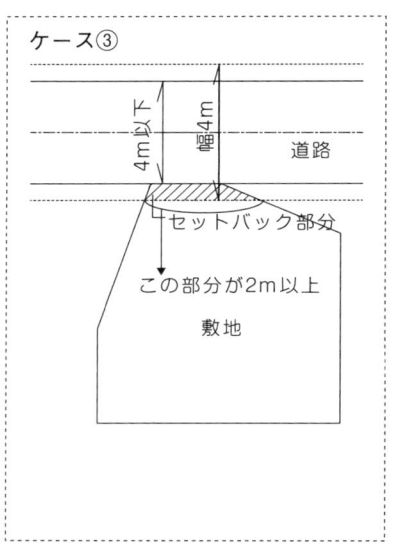

4m以下

幅4m

道路

セットバック部分

この部分が2m以上

敷地

m以上にしなければなりません（**図表4-5-1ケース②**）。なお、この場合の道路は私道でも公道でもどちらでも構いません。

建築基準法上の「道路」とは、幅員が4m以上の道のことを指します。私道であっても、位置指定道路として指定されていれば問題あり

ません。幅員が4m以下の道の場合は、注意が必要です。既に建物が建ち並んでいる道で特定行政庁の指定したものは、その道の中心線から2mのラインまでセットバックすれば道路とみなされますが、それ以外の4m以下の道の場合は道路としてみなされない場合があります。役所に行けば簡単に調べられますので、必ず確認する必要があります。

再建築不可という物件を、不動産の折込みチラシなどで見ることがあると思います。現状建物が建っていても、実は接道していないため、新たに建物が建てられないという場合です。このような土地は周辺相場よりかなり金額が低いので、気づきやすいと思います。

極端に周辺より安い物件は何らかの問題があると思ったほうがよいので、十分注意する必要があります。

では、接道しているかを確認するにはどうするか？

まず、現地を確認します。道路が4m以上あるかどうか、接道長さが2m以上あるかを、実際にメジャーで測ります。道路幅が4m未満の場合は、役所へ行って道路の種別を確認します。建築基準法上の道路であることと、42条2項道路かそれ以外かがわかればよいです。

次に、法務局へ行って公図と土地の登記簿を確認します。公図とは、土地の区画と形状を表す図面です。14条地図と一般的な公図とがあり、14条地図は形や大きさが正確ですが、公図は昔の図面をもとに作成されており正確ではありませんので、公図の場合は区画のみ確認し、大きさなどの情報は気にしなくてよいです。これらに記載されている、購入予定の土地の区画と周辺の区画、道路の区画の地番を調べ、それらの地目や所有者を登記簿で調べます。それらを合わせ、購入予定の地番と道路の間に他の地番が入っておらず、直接道路に接していることを確認します。これらを行うには時間もかかりますし、すべて自分で行う必要はありません。このような調査が必要だということを知っておき、不動産業者がしっかり調査をしているかを確認することが重要です。

以前には、現地では道路に2m以上接しているように見え、問題ないと思っていた土地が、実際は道路との間に他人所有の土地があ

り、建物を建てるにはその土地の買い取り交渉を行なわなければなら
なくなり、時間とお金を余分に費やすことになったという事例もあり
ますので、しっかりとした調査が必要です。登記簿しか調べずに何も
問題はないと言うような不動産業者は、すぐに変更したほうがよいで
す。

2 土地の状態調査

　法的な条件だけでなく、その土地がどの様な状態かを調べなければ
いけません。

(1) 敷地境界の確認

　土地の境界についてのトラブルはかなり多く発生しますので、しっ
かり確認しなければなりません。境界確定測量図がある場合は、隣地
所有者の立合いのもと作成されたものであり、境界が確定しています
ので、その図面どおりの位置に境界杭があるかどうかを確認します。
境界確定測量図がない場合は、境界杭やコンクリート塀などの境界を
示すものがあったとしても、隣地所有者との立合い確認をしていない
状態ですので、後々のトラブルになりかねません。敷地の境界がどこ
にあるのかをしっかり確認し、売買契約時までに境界確定測量をして
もらうようにしたほうがよいです。
　また、隣の建物がこちら側の敷地に越境している場合もありますの
で、それも注意が必要です。

(2) 私道の確認

　接道する前面道路が建築基準法上の道路であることを確認した場合
でも、私道の場合は、権利関係や、負担金などを確認しておく必要が
あります。

まずは、所有者が誰かを確認しなければなりません。一般的には共有の場合が多く、接道する土地の面積に応じて、共有持分が定められています。この場合、他の共有所有者の通行を妨げることはできませんが、クリニックとして利用する場合は患者さんがその道路を利用するため、他の共有所有者からクレームが寄せられる場合がありますので、前もって確認しておく必要があります。

　敷地が接する私道のすべてを別の土地の所有者が持っている場合や、私道の共有持分がない場合は、他人の所有している土地を通行することになりますので、権利関係でトラブルになる可能性が高くなります。このような場合は、私道部分を敷地と一緒に購入することをお勧めします。その場合、権利関係を詳細に調査し、慎重に検討する必要があります。

　土地の境界と同様に私道の場合も様々な権利関係が発生しますので、一旦トラブルになると、なかなか解決しない場合が多くあります。事前にしっかり調査・確認する必要があります。

　いずれの場合も、道路のメンテナンスは自己負担が原則です。公道の場合はアスファルト舗装がはがれたり側溝が詰まったりした場合、行政で対応してもらえますが、私道の場合は原則、自分達で対応しなければなりません。共有の場合の修繕方法や費用負担（例えば、自分の土地の前のみ道路に修繕が必要になった場合の修繕範囲や費用負担はどうするか、など）も確認しておく必要があります。

(3) 土地の高低差

　現地を見た時に高低差を感じなくても、実際は敷地に高低差がある場合があります。高低差がある場合、道路から玄関までのアプローチ部分に段差が発生したり、階段を設けなければならなかったりしますので、高齢者や体の不自由な方々が利用するクリニックには大変重要な問題です。また、土地の造成工事などが必要になり、工事費が高くなる場合がありますので、注意が必要です。

(4) インフラの状態

　必要な太さの水道管や下水管が敷地に引き込まれているかを、確認します。細い水道管しか引き込まれていない場合は、自己負担で太い配管に入れ替えなければなりませんが、前の道路に通っている本管の太さが足りない場合は、敷地から遠く離れた道路に通っている配管から入れ替えなければなりません。この場合でも原則自己負担になり、工事予算にも大きく影響しますので、注意が必要です。

　下水道が通っていない場合は浄化槽が必要になり、イニシャルコストはもちろんのこと、ランニングコストも発生しますのでしっかり確認しましょう。

　ガス管については、都市ガス管が引き込まれていなくても、プロパンガスで対応できますが、プロパンガスは、都市ガスに比べてガス代が高くなりますので、確認しておくとよいでしょう。

　電気については、敷地への引込みは電力会社が対応してくれますので、敷地を選定する段階ではあまり気にしなくてもよいでしょう。

(5) 地盤について

　地盤が悪い場合は杭工事や地盤改良などが必要となりますので、工事予算に影響が出ます。その土地の地盤状態がどの程度か想定できると、予算が立てやすくなります。建築工事の設計段階では必ず敷地の地盤調査が必要になりますが、敷地を選定する段階では実際には調査しないで、以前にその土地で地盤調査を行っている場合はそのデータを参考にし、それがない場合は周辺の地盤調査データを参考にするとよいでしょう。地盤調査データは役所やインターネットで確認できます。

　地盤が悪く杭が必要な建物は危険と思われるかもしれませんが、しっかりと地盤を調査し、適正な工法で適正な工事をしていれば、すべてが危険ではありません。地盤が良いに越したことはありませんが、それにこだわりすぎる必要はありません。ただし、沼や池などを

埋め立てて行う宅地造成開発地などは、道路などを含む周辺地域の地盤がどのようになっているかを確認しておく必要があります。過去には震災等発生時に開発地域全体が液状化し、水道などのライフラインがまったく利用できなくなる事態が発生した、ということもあるからです。

(6) 土壌汚染

　購入した土地に土壌汚染があった場合、瑕疵担保責任の対象になり、汚染除去工事は売主側の負担になりますが、開業時期が延びるなどの期間の問題が発生します。現在は住宅が建っているが以前は金属加工工場などが建っていた土地などは、土壌が汚染されている可能性がありますので、注意が必要です。

3 土地契約時に押さえておくべきポイント

　土地選定時に大切な調査ポイントを述べてきましたが、契約時に必ず確認しておくべきポイントを整理します。

> 1　公図、登記簿を確認し、敷地が特定され、敷地と道路の間に別の土地がなく接道に問題がないか？　土地の所有者と売主が同一かを確認できているか？
> 2　私道の権利関係および費用負担ついて確認できているか？
> 3　用途地域や地区計画などの法的条件を確認できているか？
> 4　境界確定測量図があるか？
> 5　インフラの整備は確認できているか？
> 6　土壌汚染など、瑕疵担保責任について確認できているか？

（田邉万人）

承継開業の考え方

第2章の**図表2-1-1**（22ページ）にあるとおり、全国的にはこのところ毎年、クリニックの開設に迫る件数の廃止・休止が生じています。そのような環境下で近年注目を集めているのが、この施設廃止を機会とする「承継」による開業です。

　一般に承継は親子等の血縁によるものが多くを占めますが、施設の老朽化や生活スタイルの変化、またクリニックエリアの患者層の変化など様々な要因から子息後継者が承継しないケースが増えてきており、その場合には他者による承継・Ｍ＆Ａによる開業が検討されることがあります。

　この節では、この第三者による承継について、その内容と評価、また留意点を紹介してみることにします。

1 第三者による承継開業とは

　承継による開業とは、前述の通り既存施設を何らかの形で譲り受けたドクターが新たに開設する形態を指し、多くは営業権を含む対価を伴って施設・設備の所有権を移転させます。譲るドクター、譲られるドクター双方にメリットがある形に終始すればハッピーで終わるのですが、思わぬ落とし穴がある場合も少なくなく、そのメリットとリスクをしっかり認識して対応することが大切になります。

2 承継開業のメリットとは

(1) 譲る側のメリット

承継を希望する場合の事情は様々ですが、最も多いのは承継元ドクターの年齢からリタイアを考えるケースです。その場合、承継元のドクターのメリットとしては、まず患者さんの診療を引き継いでもらえること、長年親しんだクリニックを閉じることなく継承できること、そしてその対価を受け取れること、さらには実質的に廃院する場合の解体費といったコストをセーブすることができること等が挙げられます。

ただし、承継時期が遅くなればなるほど一般に患者数が減少することから、結果として承継の対価は低下していくことが多く、したがって承継の魅力が高いうちに検討し、タイミングを逃さずに決断することが重要となってきます。

(2) 譲られる側のメリット

承継しようとする側のドクターにとって、そのメリットは次のようなものになります。

① 基本的な施設、設備が使えること

承継の場合、施設の内装や医療機器・備品などをそのまま居抜きで譲るケースが大多数ですが、その場合にはこれら固定資産等はそのまま継続して使用可能なことが多く、新規で導入、設置する場合と比べてかなり資金負担を減らすことができます。医療機器や電子カルテ等は更新の必要性の問題もありますが、基本的には開業時に必要な初期コストを大幅にセーブできることから、まずこの点が大きなメリットになります。

②　患者さんを引き継げること

　承継開業の最大のメリットとなり得るのが、患者さんの引継ぎができるという点です。クリニックとしての診療自体は継続しますので、当然続けて受診される患者さんは多く見込まれ、またかつて受診歴のある患者さんも状況によりある程度取り込めることになります。

　ここで、承継の場合の患者さんの留保率は、地域や診療科などにもよりますが、閉じずにうまく継続できた場合は100〜80％程度、閉院して1カ月以内の承継開業であれば60％程度、それ以上だと一気に低下するといわれます。承継のタイミングにより引き継げる患者さんの数が大きく変わる可能性はあるものの、開業の最も難しい「立ち上がり」の時期の患者数をある程度確保できるということは非常に大きいメリットと言えるでしょう。この部分の収支差は、まったくの新規開業の場合に準備する運転資金程度となるケースも少なくないと思われます。

③　スタッフを継続して雇用できる

　新規開業のようにゼロからスタッフを採用し、教育する手間とコストが省ける可能性があります。勿論、継続雇用の判断は慎重に行う必要がありますが、クリニックのことや患者さんの状況を把握しているスタッフを問題なく生かせるとしたら、これも大きなメリットになり得ます。

④　地域の医師会などに参加しやすい

　承継元のドクターに医師会とのパイプ役となってもらえるケースもあります。その場合には地域に参画するハードルが下がり、スムーズに関係性を築くことが可能です。医師会によっては新規加入に消極的なところもあることから、この点も見過ごせない利点となります。

3 第三者承継の手順とポイント

(1) 両者を繋ぐ中立的なコーディネーターが必要

　承継は、通常どちらのドクターにとってもあまり経験のないことであり、基本的に合意したとしても、細々した実際の条件等の取計らいに際して、必ずと言ってよいほど齟齬が生じます。その場合に双方を繋いで意見調整する立場の人間がいないと、お互いの気持ちが仇となって破談に至るケースもあることから、そのような機能は非常に重要で不可欠といえます。

(2) 適正価額を基本に置くこと

　譲渡対価の「値決め」は難しい問題でもありますが、譲る方も譲られる方も納得できる「適正価格」を探って、そこを基準とすることが大切になります。どちらか一方に安く譲ってやった、高く買ってやったという感情が強いと、どこかのタイミングでそれが顕在化してトラブルの原因となりかねません。また現実の価額は、買い手側の買収資金調達に際して銀行が評価する金額を基準とするケースもあります。

(3) 運営面のデューデリジェンスを多面的にしっかり行うこと

　施設・設備や棚卸資産の譲渡を受ける場合、その実態をしっかりと確認して承継後に話が違う、ということがないよう十分に留意する必要があります。また医療法人の承継の場合は特に、既存の契約や届け出ている施設基準等が適正なものであるかをきちんと確認し、不適切なものについては必ず承継前に是正してもらうことが、後々のトラブルを防ぐために必須となります。

(4) 承継契約書は必ず作ること

　承継には、金額だけでなく確認しておくべき重要事項がいろいろとあります。これらはすべて契約書に明文化しておき、後々のトラブルの芽を事前に摘んでおくことが重要です。

(5) 職員は「退職」「再雇用」とする

　承継前のスタッフは、必ず一旦「廃業による退職」とし、退職金や有給休暇等の精算をしっかりと済ませてもらいます。その上で、あくまで希望者にニュートラルな条件を提示し、合意に至ったスタッフとの間で新たに雇用することが大切なポイントです。ここがシームレスだと想定外のコスト負担がかかってくること、またスタッフの意識が変わらずにクリニック運営に支障を来すことなど、後々様々な問題の原因となりかねません。

(6) できれば半年程度の併走期間を設定する

　承継元の先生の下である程度勤務し、診療を平行することで、患者さんとお互いに理解を進める機会とすることで、スムーズなバトンタッチが可能となります。また、施設内の事情や管理方法、地域の特性などをいろいろと事前に把握することもできるため、可能な限り早くからそのような体制を作ってもらえるようにするとよいでしょう。

(7) 承継後も協力関係を維持する

　承継後にアクシデントが生じて、承継元の先生に協力を仰ぐ必要が出てくることもあります。そのような場合に気持ち良く対応してもらえるよう、関係性はできるだけ良好に維持したいものです。
　逆に非常にレアな例として、承継末期のトラブルが原因で前院長が

患者さんやスタッフにマイナス情報を流すようなケースもあります。そのようなことは論外としても、安定してクリニック運営が可能となるまでは、元の先生との関係をうまく繋ぐことは大切な要素だといえます。

4 形態別承継方法のポイント

(1) 個人クリニックの承継のケース

① 契約がわかりやすい「モノ＋営業権」

個人クリニックの承継は、売買の対象が有形無形の「物」と「営業権」とになります。これらをいくらで売買するかで契約が成立し、それ以外の事象は基本的に発生しません。

② リスクが限定しやすい

個人事業は、あくまでドクター個人の開設であり、廃止とともに前クリニックは消滅し、原則として権利・義務は承継されません。したがって、承継前になされた取引や契約などには、原則的にすべて関知しないで済みます。ただし、カルテを実質的に引き継ぐ場合などはその責任の所在を契約で明確にしておくことが重要となります。

(2) 医療法人の承継のケース

① 出資持分で売買が基本

出資持分あり医療法人の譲渡を受ける場合、まず医療法人の社員となり、同時に出資持分の譲渡を受けることで、合わせて財産的な裏付けも確保することになります。そしてその後理事・理事長、社員の入

退社による交替といった変更を行うことで医療法人の譲受けが終了します。

　また、出資持分のない医療法人の譲渡は社員の入退社と役員変更のみで終了し、法人財産の所有権に繋がるものは存在しません。したがって、実質的な譲渡対価は、退職金を中心として複合的に組み合わせた要素を充てることになります。その場合、実質的に配当とみなされないよう留意をすること、また同時に税務上の効果を得る場合には過大判定を受けないよう、しっかりとエビデンス等を整備する必要があります。

②　出資持分は個人所有が基本

　医療法人の出資持分は、あくまで買い取った個人の財産であり、経費化することはできません。したがって、この場合も役員退職金などを組み合わせ、この持分の取引価額を合理的に下げることが肝心なポイントになります。

③　潜在リスクを想定し、承継契約に記載する

　医療法人の譲渡は法人格の承継であり、医療法人が過去に行った契約などは免責されません。このリスクを軽減するためには、継承契約書に譲渡日以前に起因した事象については被買収側が個人で賠償するなど、しっかり明記しておくことが必須となります。

　第三者承継の場合、対価の設定はあくまで当事者間の任意で決めることであり、お互いの合意がなされる場合にはいろいろな方策を使って取引を構築することが可能です。

　せっかくの価値ある財産を無駄にしないよう、有効に譲り受けたいところです。

（中澤修司）

第5章　設計・工事

（恵比寿つじクリニック様）

第 1 節

土地購入・物件確定から
開業までのスケジュール

1 開業までに行う手続きの全体像

(1) 開業までに行う手続きとは

　土地・物件が決まったら、いよいよ開業への本格的なスタートです。開業まで様々な作業や手続きが必要になりますが、それぞれの時期における大まかな項目は次のようになります。

　まず、土地・物件の広さや建物の大きさにより、必要な設計期間や

図表 5-1-1　戸建てクリニック開業スケジュール

開業決意	土地探し	土地購入	基本計画	基本設計	実施設計	工事見積もり
事業規模の設定	診療圏調査	地盤調査	診療・検査項目の検討			資金・融資
	資金計画立て方	登記	規模の決定	間取りの決定		
		融資のタイミング	事業計画の決定	保健所との協議		
	土地の法的調査			建築行政手続きの注意点 ・開発指導要綱 ・中高層条例 ・建築確認申請 他		
	建物ボリューム検討					

工事着手	工事中	工事完成		引渡し	開業
工事契約	X線機器の設置	・建築完了検査 ・消防完了検査 ・施工会社完成検査 ・設計事務所完成検査 ・クリニック側完成検査	・診療所開設届 ・X線装置備付届 ・生活保護・労災指定医療機関申請他	・什器・備品の搬入 ・医療機器の搬入 ・電子カルテ等の設置・構築	
導入医療機器の検討・搬入時期の検討	什器備品の選定	融資実行	・保険医療機関指定申請 ・生活保護指定医療機関指定申請 ・労災保険指定医療機関指定申請		内覧会
追加工事の検討		建物表示登記 建物保存登記		職員のトレーニング	
	職員の採用				

116

工事期間は異なってきますので、それを建築士や建築会社に十分確認する必要があります。それぞれのスケジュールが固まると、開業の具体的な日程を決めることになりますが、この時に注意が必要です。

　また、クリニックを開業するには、様々な手続きが必要になります。建物を建てるための建築確認申請など建築関係の手続きについては、通常の設計者や建築会社に任せておけば、大きな問題はないでしょう。

(2) 保険医療機関指定申請書提出締切日が最重要ポイント

　開業にあたっては建築関係の手続きとは別に、保健所や地方厚生局等へも様々な手続きが必要となります。第7章で詳しく書いていますが、個人で保険診療を行うクリニックを開業するには、最初に保健所へ診療所開設届（医療法人の場合は開設許可申請を提出し許可を得た後）を提出し、その後、社保や国保から診療報酬を受け取るために、保険医療機関指定申請書を、管轄の地方厚生局へ提出します。

　ここで重要なのが、保険医療機関指定申請書を提出するタイミングです。各地方厚生局では、指定日および申請締切日を設定しています。例えば、東京都内でクリニックを10月1日に開業するとします。関東信越厚生局東京事務所の場合指定日は毎月1日、締切日はその前の月の10日前後（毎月異なる）ですので、9月10日頃に設定される締切日までに保険医療機関指定申請書を提出しなければ、10月1日からの保険医療機関の指定を受けられず、保険診療開始ができないということです。仮に、締切日が9月10日だったとすると、9月11日に指定申請を提出したら保険医療機関としての指定が11月1日となり、1カ月も開業が遅れてしまいます。ですから、この保険医療機関指定申請書提出締切日を最重要ポイントとして、そこから逆算でスケジュールを決める必要があります。医療法上でクリニックを開設しても、それだけでは保険診療はできないことにご注意ください。

　（注）ここでは、医療法の届出時を開設、保険診療開始時を開業として書いています。

(3) 保険医療機関指定申請には開設届の写しが必要

　さらに注意が必要です。保険医療機関指定申請に際しては、保健所
へ提出し受付印が押された診療所開設届の写しが必要となりますの
で、それまでに診療所開設届を保健所に提出して写しを手に入れてお
かなければなりません。医療法では"診療所を開設したときは、開設
後10日以内に届け出なければならない"とあります。届出ですか
ら、単に届出書を提出すれば受付印を押して返却してもられると思い
がちですが、実際は異なることが多くあります。

　実地検査を受けなければ開設届に受付印を押して返してくれない
等、保健所独自の解釈で運用していることが多くあります。また、実
地検査を受ける段階では建物は診療が開始できる状態であることを求
められる場合がありますので、医療機器、診療机やカーテンなどの備
品も含め設置されている必要があります。また、X線装置がある場合
は、装置を設置し、X線室の漏えい放射線量測定を行って、その結果
の提出を要求されることがあり、建築・内装工事はそれらの期間を踏
まえて完成していなければなりません。

(4) 保健所の事前相談も必要

　上記のほかに、工事を始める前に建物の図面を持って保健所へ事前
相談に行く必要もあります。この事前相談を行わないと、実地検査時
に法的には問題がなくても、保健所による独自の解釈で、間仕切壁の
位置に問題があるなどと法令上の根拠のない行政指導を受ける可能性
もあります。そうなった場合、壁の工事をやり直した後にしか保健所
の受付印を押した開設届副本が手に入りませんので、保険医療機関指
定申請が大きく遅れてしまいます。

　このように様々な要件が絡んできますので、スケジュールは十分に
検討して立てなければなりません。

2 保健所により、クリニックの間取りに対する指導が異なる

　クリニックの間取りや設備関係については、医療法施行規則16条および20条に病院・診療所の構造設備の基準が設けられていますが、主に病院や病室に関することが多く、無床のクリニックに関してはあまり細かいことは規定されていません。自治体または保健所が安全上・衛生上の観点から、独自に基準を定めている場合があります。自治体がそれぞれ定めていますので、保健所が異なると指導の内容が異なり、例えばA市やB市の保健所で問題なく開業したクリニックとほとんど同じ図面でC市の保健所に相談に行くと、壁の位置を変更させられたりすることがあります。

　以前には、ある政令指定都市で「うちではX線の操作は操作室として独立した部屋としなければ認めません」などと、自分のところが特別に許可するかのような指導を受けたこともありました。「X線の操作は必ずしも操作室として設ける必要はありません」と文書で明確にしている保健所はたくさんあるのですが、この市の担当者にこのことを説明しても、まったく聞き入れてもらえませんでした。

　また、同じ保健所であっても担当者によって言うことが異なる場合もありますので、工事を行う前には必ず保健所の担当者に確認し、必ず「問題ない」旨の言質をとらなければなりません。

（田邉万人）

 第2節 誰に頼めばよいか

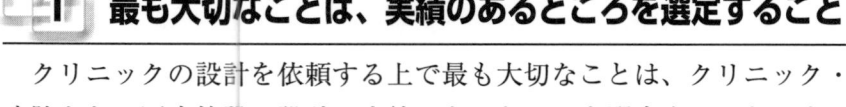 **1 最も大切なことは、実績のあるところを選定すること**

　クリニックの設計を依頼する上で最も大切なことは、クリニック・病院などの医療施設の設計の実績のあるところを選定することです。

　クリニックは、医療機器の設置や特別な設備や部屋が必要なことに加え、治療や検査内容によって、患者・ドクター・職員などの動きが大変複雑になりますので、それらを十分に把握した上でなければ、機能的なプランニングはできません。また、スケジュールの部分でも書きましたが、クリニックを開業するための手続きをしっかり把握し、X線装置の設置や医療機器・什器備品など設置のタイミングを含めた建築工事の工程管理を行わなければならないので、クリニックの経験のない建築士や会社では、大きなトラブルになります。本当はあまり詳しくないのに「医療施設に詳しいです」や「クリニックの設計は問題なくできます」などと言って来る建築士や会社も、多くあります。

　そのような設計者に引っかからないためには、以前に設計したクリニックなどを教えてもらったり、見学をさせてもらったりすると良いでしょう。

　また、会話の中に医療用語や検査用語を交えて話し、相手の様子を見てみるとよいと思います。医療施設の実績があれば、ある程度の専門用語は理解していますので、まったく話についていけないような建築士の場合、依頼しないほうがよいでしょう。

　建設会社・工務店には「設計料はタダでやりますよ」という会社がいまだにありますが、設計者が実際に動いて設計をするのですから、タダでできる訳がありません。しっかり工事費に上乗せされています。経費を削減するために設計する時間もなるべく短縮します。にも

かかわらず、提案を受けるドクターは「タダで設計してもらっているのだから設計変更や細かな要望を言うのは悪いかな」「細かな設計図面がなくても、タダだからしょうがないかな」などと余計な遠慮をしたりしますので、簡単に飛びついてはいけません。「タダより高いものはない」のです。

2 どんなところが設計を行っているか

クリニックの設計を依頼するには、大きく設計のみを行う建築設計事務所と、設計と施工の両方を行う建設会社・工務店、住宅メーカーに分けられます。

(1) 建築設計事務所

設計と、工事中に工事が設計図どおりに行われているかをチェックする設計監理のみを業務とし、工事そのものは行いません。

建築士が、敷地条件や法律、ドクターの要望などを聞きながら設計図面を作成し、その設計図面を建設会社に渡して工事見積を出してもらいます。工事が始まると、工事が設計図面どおりに行われているか、手抜き工事などしていないか、出来上がりに問題がないかなど、定期的にチェックを行います。

> **メリット**
> ・同じ設計図面で複数の工事業者による競争見積を行うことができるので、細かく見積内容がチェックでき、適正な工事金額を把握し、金額を安く抑えることができる
> ・第三者として建築工事が適正に行われているかを検査できる
> ・ドクターの代理人として、追加工事金額やスケジュールなどについて建築業者との折衝も行ってもらえる

デメリット

・競争見積などを行うため、時間がかかる
・機能よりもデザインを優先し、自分の建築作品として無理やり押し付けてくる建築士がいる

(2) 建設会社・工務店、住宅メーカー

設計から工事まで行います。施工する会社の建築士が設計を行い、工事中のチェックをする設計監理も、同じ会社の建築士が行います。

メリット

・すべて同じ会社で行うので、手続きが簡単で、責任の一元化ができる
・一連の作業で行うので、設計を含めた全体行程が短くできる
・住宅メーカーの場合、メーカーが保有するプレハブ工法などを利用したりして、工事期間を短くすることが可能

デメリット

・他と工事金額を比較する場合、設計内容や含まれている工事内容が異なるため、単純に比較できない
・工事中は同じ会社で工事チェックを行うので、第三者の目での検査が行われない
・メーカーにより仕様や規格が決まっていることが多く、設計の自由度が低くなる場合がある

（田邉万人）

建物・内装についての基礎知識

1 違法クリニックになっていませんか

　クリニックの建築・内装に関わる法令には、医療法、建築基準法、消防法、都市計画法、ハートビル法、その他自治体が制定する条例などがあります。

(1) 建築基準法

　建築基準法では、クリニックは、診療所という表記になります。ベッドを有しないクリニックは病院とは異なり特殊建築物に該当しませんので、クリニック固有の規定はなく、住宅やオフィスと同じ扱いです。たまに、「クリニックは医療施設だから病院と同じように法律で厳しく規定されていますよ」などと言う建築士もいたりしますが、まったく違います。間違ってもこのような建築士に設計を依頼しないでください。医療施設のことがまったく理解できていないのですから。

　クリニックでよく間違われるのは、採光についてです。以前は診察室や待合室は採光上有効な窓が必要でしたが、現在は必要ありません。しかし、窓が必要でない訳ではなく、あくまで採光上有効な窓が必要ないということですので、注意してください。

　他に、火事になったときに安全に避難ができるようにすることや地震などが起こったとき建物がつぶれないようにするなどの内部に関する規定と、高さ制限や日影制限などの外部に関する規定などがあります。

　テナントクリニックの場合、一般的には建築確認申請が不要になりますので建築基準法に関する規定は関係ないと思う方がいるかもしれ

ませんが、大きな間違いです。申請の必要がないだけであって、法律の規定に適合させなければならないことには変わりありません。設計する建築士の責任において、しっかり法に適合していることを確認し、工事を行わなければなりません。

　建設会社や工務店は建築のプロなのだから、こちらが何も言わなくても、当然法律を守って工事を行うだろうと思うのは道理ですが、実際は法律の規定を確認せずに工事をしてしまう建設会社や工務店は、たくさんあります。行政による建築基準法に関する立入検査は、問題や事件等が起きない限り現状ではほとんど行われないので、違法クリニックになっていても気づかない場合が多いのが実状です。くれぐれもそのようなクリニックにならないように、工事に入る前に再度、建築基準法に関して問題ないことを設計者・建設会社に確認しておく必要があります。

(2) 消　防　法

　消防法では、主に火事などの災害時のための規定が定められており、ベッドの有無と診療科目、規模により適用される規定が異なります。

　一般的な無床クリニックで必要となる主な消防設備は、消火器、自動火災報知設備、非常ベル、避難口誘導灯、2階以上の場合は避難器具などです。

　テナントビルに入る場合は、ビル内の他の階の用途により異なりますので、ビル全体についてどのような消防設備が必要となるか、ビルの管理会社に確認する必要があります。

　また、収容人員が30人以上の場合は防火管理者を定め、「防火管理に係る消防計画」を作成しなければなりません。収容人員は、医師・看護師・その他従業員の数と待合室の面積を3.0㎡で割った数の合計で算出します。安全上の問題ですので、広いリハビリ室や点滴室のベッドが多くある場合などはそれらも算入し、実際の人員で算定するようにし、万が一の時の安全対策はしっかりとっておくべきです。

(3) 都市計画法

都市計画法は、主に土地の利用に関する制限等を規定する法律ですので、第4章第4節で解説しています。

(4) ハートビル法 (高齢者、障害者等の移動等の円滑化の促進に関する法律)

ハートビル法は、2,000㎡以上の大きな規模の建築物について、車いすや体の不自由な人が利用しやすいように基準を定めた法律です。また、それ以下の規模の場合は、自治体独自の基準が制定されています。例えば東京都の場合、クリニックで延べ床面積が500㎡以上の場合、有床の場合はすべてにバリアフリー条例が適用され、条例に規定する基準を満たさなければなりません。

(5) 自治体の建築関係の条例

自治体が独自に制定する条例で建築について規定されている場合がありますので、あわせて確認しておかなければなりません。

2 敷地と建物の関係

建物の配置には敷地形状や方位、道路の方向、その他法律など様々な事項が関係します。法律や条例に合うよう道路や隣地から建物までの距離を決めていきます。

それらに加え、患者さんのアプローチや駐車場、駐輪場などの配置を決めなければなりません。特に駐輪場をしっかり決めなかった場合など、クリニックの玄関前に自転車が散乱し、クリニックの印象が悪くなってしまう場合もあります。

また、道路からの建物の見え方やアプローチの仕方、看板の位置などをしっかり検討し、患者さんにわかりやすいようにしなければなり

ません。

　敷地に余裕がある場合は、歩いて来る患者さんと車の出入り口は重ならないようにしたり、入り口付近にベンチなどを置いたりできるような工夫もしたいところです。逆に敷地が狭く、道路からすぐ近くに建物がくる場合などでも、入り口の位置を工夫し、玄関前に少し余裕のある空間を設けて樹木などを植えたりすると、クリニックの印象は大きく変わります。

　また住宅を併設する場合は、プライバシーを保つ意味で住宅玄関の位置なども十分に検討し配置を決めなければなりません。

3　建物の外観

　建物の外観はクリニックの顔となりますので、とても重要です。しかしながら、あまりに奇抜なデザインや変わった色にすることはお勧めしません。クリニックなのか商業施設なのかわからないような外観はダメですし、逆に何の特徴もない昔の病院のようなただの四角い箱も今となってはお勧めできません。他の建物とは差別化を図り、患者さんに親しまれるようなデザインで、建物の外観が看板代わりになれば、とても良いと思います。これからのクリニックは「病院らしくない外観、クリニックとしてわかりやすいおしゃれな外観」にしていくべきともいえるでしょう。これは大変難しいことですが、設計者と一緒に考えていくのは、とても楽しい部分でもあります。さらに、クリニック名や診療科目などの看板を含めて検討し、トータル的におしゃれでまとまりのあるデザインとしなければなりません。

　最も大切なことは、クリニックであることがわかりやすいことです。クリニック名も診療科目もわかりやすい看板を設置し、夜間も電飾にするなどしてなるべく患者さんの目に止まるようにしましょう。また、夜間に建物をライトアップするなどして、診療外の時間もクリニックがあることをアピールしても良いでしょう。

4 建物の構造

　建物の規模・構造においては、診療科目や住宅を併用するかによって異なってきます。診療方針に基づき必要となる種類の部屋の数で面積も大きく異なりますが、「とりあえず大きく作っておけば後から何とかなるだろう」などと考え、過剰な建物・設備にしてしまうようなことは避けなければなりません。設計者に対して希望する内容や治療方針、予算をはっきりと伝え、将来の変化にも対応できる適切な規模・構造となるように計画しなければなりません。

　住宅を併用する場合は、1階をクリニック、2階を住宅にする形が多いですが、入り口は必ず分けなければなりません。できれば、クリニックと住宅の玄関はあまり近くに設けず、建物の異なる面にあるほうが家族のプライバシーの面でも良いと思います。

　構造に関しては、木造、鉄骨造、鉄筋コンクリート造（RC造）の3種類があります。法的な条件や規模によりますが、一般的な規模であれば、2階建てまでは、どの構造でも可能です。一般的に、防火性能や耐震性能は木造→鉄骨造→RC造の順で高くなります。

　2階建てや上階を住宅にする場合は、金額的、時間的に可能であれば、RC造をお勧めします。防火、耐震性能以外に防音性能もより優れているので2階からの音などが響きにくくなりますし、柱のない大きな空間を造りやすくなりますので、将来の間仕切り変更などに対応しやすくなります。

5 高断熱・高気密

　高断熱とは、文字どおり、断熱性能が高いことを指します。夏や冬に外壁や窓から外の暑さや寒さが室内に伝わりにくく、室内の冷房で冷やされた空気や暖房で温められた空気が逃げにくいということです。

高気密とは、建物の密閉性が高いことを指します。わかりやすく言うと、隙間風が入りにくい、ということです。高気密化することのメリットは、高断熱化した建物の温度や湿度の管理がしやすくなることです。外部の影響を抑えられるのでエアコンや換気設備で室内環境の制御が容易です。

　高気密は、高断熱と一緒に行わなければ意味がありません。

　鉄筋コンクリート造の場合は、コンクリート壁の内側に断熱層を設けるのが一般的ですが、高断熱の場合は、外側に断熱層を設け、コンクリート自体が外気の影響を受けないようにする外断熱工法とします。

　鉄骨造の場合は鉄骨自体が熱を伝えやすいので、鉄骨の外側に断熱性能を持つ ALC 板（軽量気泡コンクリートパネル）などを貼るのが一般的です。高断熱の場合は、内側にも断熱材を設けます。

　木造の場合、柱の間に断熱材を充填する方法や柱の外側に断熱層を貼る外貼り断熱が一般的ですが、近頃は、外側と内側両方に断熱層を設ける形が多くなりつつあります。

　近年、温暖化対策が世界的に必要とされており、「建築物のエネルギー消費性能の向上に関する法律」（建築物省エネ法）により大規模建築物（床面積 2,000㎡以上）は省エネ基準への適合義務、中規模建築物（床面積 300㎡以上）は基準に適合しているかどうかの届出義務、300㎡未満の建築物は省エネ基準に適合するよう努力義務が課されています。今後も高断熱・高気密の流れは進んでいくと思いますが、クリニックの場合、患者さんの出入りが多く、入口ドアの開閉で常に外気が流入しますので、気密性を極端に気にする必要はありません。それよりも、待合などは空調・換気方式を工夫し、外部からの冷気や熱気をなるべく中に入れないような工夫をしたほうがよいでしょう。一部で、クリニックの建物で極端な高気密を売りにしている業者がいるようですが、あまり意味のないことですし、そもそも、クリニックの特性を理解していないのかもしれません。

6　建物のメンテナンス

　建物は、建てた後のメンテナンスが大変重要です。特に何のメンテナンスせず20年くらい経過した後、問題が発生した時にはすでに手遅れの状態になっているという場合もあります。

　新築時から10年〜12年程度経過したら、一度建物全体の劣化調査をすることをお勧めします。外部の屋根や外壁の状態、鉄部などがある場合は塗装やさびの状態、換気扇やエアコン、給湯器などの設備機器の動作確認などを調査し、劣化が進んでいる箇所や予防的に修理が必要な個所を拾い出し、外壁塗装の塗替えや、窓まわりの防水材の交換などと一緒に大規模修繕工事として行うと、建物の寿命を延ばし、長く快適に使用できます。

　鉄部の塗装などは5年程度で塗替えが必要になり、窓まわりの防水材などは10年程度で取替えが必要になりますので、建設会社に依頼し、建物の部位や設備に関してどれくらいの期間でメンテナンスが必要になるかという項目を一覧にしたメンテナンスサイクル表などを建物の完成引渡時に作成してもらうとよいでしょう。

　また、外部にはさびが発生しやすい鉄の使用を控えたり、外壁に汚れが付きにくく雨で自然に汚れが落ちる材料などを選定したりするなど、設計段階において後々のメンテナンスに関して検討しておくことも大切です。

（田邉万人・高橋邦光）

建替え・増築・改修工事のポイント

1 建替え・増築・改修工事実施上の注意点

　親子承継や第三者承継をするタイミングで、既存のクリニックの建替えや増築、内部改修工事を行う場合が多くあります。その場合、現在の建物の良い点、悪い点をピックアップし、どのような問題があるのか、またそれらの理由も分析して、今後行っていきたい診療・検査内容を含め、どのような工事が必要なのかを、しっかり検討しなければなりません。

　親子承継の場合、設計段階で最も避けなければならないのは、親ドクターがすべて決めてしまうことです。親ドクターはこれまで使用してきた建物の設計にも関わっており、設計を行うのは2回目ですので、どうしても口を出したくなるものです。しかしながら、今後長く使っていくのは引き継ぐ側の子ドクターになりますので、子ドクターの意見をしっかり取り入れなければなりません。親ドクターは、前回の経験を踏まえサポートに徹するくらいが丁度良いかもしれません。

2 一般的な築年数が経過しているクリニックの特徴

　一般的に、築年数が経過しているクリニックには次のような問題点が見受けられます。

---

① **エントランス**
・自動ドアがなく手動である
・エントランスまわりが汚い
・看板・院内サインが汚い

---

② **受付・待合室**

・受付カウンターが壁で仕切られており、受付小窓で患者さんに対応していて圧迫感がある

・土足対応になっておらず、下足入れやエントランスまわりが汚い

・待合室が照度不足で暗い

・内装仕上げ材の劣化が激しい

③ **診察室・処置室**

・診察室が一つしかない

・間仕切壁が天井まで届いていない、仕切りがカーテンのみで隣室の声が聞こえるなど、プライバシーの確保ができていない

・処置ベッドが足りない

④ **X線室**

・使用していない機器、壊れた機器が放置してある

・使用していない暗室がある

・既存機器に対して広すぎるスペースがある

⑤ **各種設備**

・LAN配線がない等、通信設備が整っていない

・電気容量が足りない

・エアコンが古く効きが悪い、換気が不十分

・トイレが和式スタイルになっており段差がある、バリアフリー、車いす対応になっていない

・経年劣化により使えなくなっている機器がある

・機器が古く、メーカーにも部品がないので修理ができない

⑥ **レイアウトに無駄がある**

・使用していない入院施設がある

・患者とスタッフの動線が交差するなど、各部屋のつながりが悪い

⑦ **1981年以前の建物で旧耐震設計基準に基づき設計されている**

これらの問題点を解消するために、建替えを行うか、増築、内部改修工事で対応するかを検討しなければなりません。建物自体の構造に問題がある場合は、建替えを行わなければなりませんが、構造に問題がなく、診療科目の追加などで診察室を増やす場合などは増築を、全体の面積に余裕がある場合は内部改修工事とするのがよいでしょう。

 3　建替え・増築・改修工事の方法

(1) 原則は診療を続けながら工事を行う

　現在のクリニックを増築する場合や改修する場合は、できる限り診療を続けながら工事を行うようにしたほうがよいでしょう。工事期間中に診療を休んだ場合、診療収入が入らない一方、スタッフへの給料など支払いは発生しますので、経営的にも大きな負担になってしまいますし、これまでの患者さんが他のクリニックへ移ってしまう可能性もあります。

　同じ場所で建物を建て替える場合でも、設計の仕方や工事の順序・方法を詳細に検討することにより、診療を続けながら工事を行うことは可能です。工事前とまったく同じ状態で診療をすることはできない場合はありますが、できる限り検討してみましょう。

(2) 診療が続けられない場合は仮設クリニックをつくる

　診療を続けながらの工事ができない場合には、近隣に仮設クリニックをつくり、既存クリニックを改修するケースもあります。この場合は、制度的にはまず現クリニックを廃止し、翌日付にて仮設クリニックを開設する形になります。その後改修工事後に元々のクリニックで診療を開始する際にも、仮設クリニックの廃止、改修工事後の既存クリニックの新規開設と、保健所と保険診療請求のための厚生局への手

続きがそれぞれ必要となります。法人の場合は定款変更も必要となりますので、仮設クリニックをつくる場合は期間や費用など慎重に検討しなければなりません。

(3) 工事期間中の騒音対策

　診療を続けながら工事を行う場合、騒音は必ず発生します。診療になるべく支障が出ないように防音措置をとることはもちろんのこと、大きな音が発生する工事の時間を調整したり、工事の工法を工夫したりするなどの対応が必要ですので、それらに対応することを踏まえ、工事期間を設定しなければなりません。

　テナントクリニックの場合には、上下階や隣接テナントに対する騒音問題も考慮しなければなりません。さらに、他テナントからクレームが出た場合などは工事を一時的にストップさせられたり、時には一部の工事を夜間工事に限定されたりする場合もあります。

(4) その他工事期間中に配慮すべきこと

　ほこりへの対策も必要です。工事現場では様々な物質が舞っていますので、これらが診療している場所や他の場所に入らないように、工事場所との区画や換気方法を十分検討しなければなりません。

　その他、工事車両、工事資材、職人の搬出入経路の安全対策、工事を行う職人さん達の休憩場所の確保なども注意しなければなりません。テナントクリニックの場合は、解体材の搬出経路、搬出時間をビル側から指定される場合もありますので、注意が必要です。

　また、婦人科など診療科目によっては、患者さんが他人にあまり見られたくない場合もありますので、患者さんと工事関係者ができるだけ顔を合わさないようにする工夫もしたほうがよいでしょう。

　さらに、いつもは人が入らないような場所にも人が出入りしますので、診察室のガラス窓が透明で外から中が見えたりする場所がないか

をチェックし、フィルムや目隠し板を貼るなど、患者さんのプライバシーを確保することも重要です。

　工事に伴い既存の医療機器や内部の物品移動も行わなければならず、これら物品の箱詰作業や移動の時間も必要となります。医療機器は、メーカーに移動を依頼しなければならない場合もあります。スケジュールを設定する際は、これらをすべて含めて検討し、スタッフの作業日程も考慮し、慎重に設定しなければなりません。

　また、物品や医療機器などは、工事期間中、一時的に違う場所に保管する必要があります。それらの場所の確保も、事前に検討しなければなりません。

（田邉万人・高橋邦光）

併設事業所との関係

　クリニックとデイサービス施設（通所介護事業所）やサービス付き高齢者住宅（サ高住）などの併設事業所とは、原則として構造上独立していなければなりません。構造上の独立とは、それぞれ別の入口を持ち、道路やビルの共用廊下・ホールなどから直接施設に入ることのできる構造のことをいいます。つまり、クリニックの待合室からデイサービス施設に入るというような造りにはできないということです。

　また、トイレなどの必要な設備もそれぞれ別々に設けなければならず、共有することはできません。

　デイケア施設（通所リハビリテーション事業所）の場合は、通所リハビリテーションを行うスペースが明確に区分けされていれば、クリニックとしての一体的な利用が可能で、設備も共有することができます。併設事業所は医療法以外の法律が関係しますので、事前に関係各機関と十分な打合わせを行う必要があります。

（田邉万人）

1 いわゆる「門前薬局」

　調剤薬局は、平成19年施行の第5次医療法改正では病院、診療所等と同列の「医療提供施設」に位置付けられながらも、医薬品医療機器法^(注1)に基づく都道府県知事より「薬局」としての開設の許可を受けた上で、地方厚生局長から健康保険法に基づく「保険薬局」としての指定を受けて開設するという、法律上は複雑な立場にあります。

　近年ではクリニックモール等でクリニックと調剤薬局が併設される場合が多くあり、クリニックで出された処方箋をそのまま門前の調剤薬局に持ち込んで薬を受け取る、という患者にとっても非常に便利な構造となっています。

　また、政策的に院外処方への誘導が行われた昭和の時代には、ドクターの親族がクリニックの門前で調剤薬局を経営するいわゆる「第二薬局」も多数誕生し、今でも残っているのが実情です。

　とはいえ、クリニックと調剤薬局は完全に分離されていることが求められ、新規での保険薬局の指定（更新時も同様）に際しては、以下の事項が確認されています。

① 　保険薬局の土地または建物が保険医療機関の土地・建物と分離しておらず、公道またはこれに準ずる道路等を介さずに専用通路等により患者が行き来するような形態のものでないこと（構造上の独立性）^(注2)

② 　役員に医療機関の関係者がいない等、経営・運営上医療機関から影響を受けないこと（経営上の独立性）

　上記①については、クリニックと薬局の間での患者動線について「行動またはこれに準じる道路等を介さずに〜」の解釈で問題になる

ことが多く、クリニックビル等でクリニックで処方箋を受け取った患者が公道に出ることなく薬局に行ける構造である場合は、フェンスやコンクリート製のプランター等で通路を仕切り、一旦公道に出る構造を強引に作ることで保険指定を受けていました。しかし、後述の規制緩和の流れによりこの解釈は変更されており、平成28年10月1日から適用されています。

　また、上記②については、処方箋を出す側と受ける側に経済的関係がないことと解釈されており、保険薬局指定申請の際に薬局開設主体の会社等に処方箋を出す側の医師やその親族がいないか、薬局建物の貸主側に医師やその親族がいないか等につき確認されることになります。

(注1) 旧薬事法／医薬品、医療機器等の品質、有効性及び安全性の確保等に関する法律（昭和35年8月10日法律第145号）

(注2) 平成8年3月8日保険発第22号厚生省保険医療課長、歯科医療管理官発、都道府県民生主管部（局）保険主管課（部）長、国民健康保険主管課（部）長宛て通知「保険医療機関及び保険医療担当規則の一部改正等に伴う実施上の留意事項について」

 ## 2　問題となる場合とその理由

上記の取扱いの根拠となるのは、以下の規定および通知です。

≪保険医療機関及び保険医療養担当規則（昭和32年4月30日厚生省令第15号）≫

(特定の保険薬局への誘導の禁止)

第二条の五　保険医療機関は、当該保険医療機関において健康保険の診療に従事している保険医（以下「保険医」という。）の行う処方せんの交付に関し、患者に対して特定の保険薬局において調剤を受けるべき旨の指示等を行つてはならない。

> 2 保険医療機関は、保険医の行う処方せんの交付に関し、患者に対して特定の保険薬局において調剤を受けるべき旨の指示等を行うことの対償として、保険薬局から金品その他の財産上の利益を収受してはならない。

≪保険薬局及び保険薬剤師療養担当規則（昭和32年4月30日厚生省令第16号）≫

> （健康保険事業の健全な運営の確保）
> 第二条の三　保険薬局は、その担当する療養の給付に関し、次の各号に掲げる行為を行つてはならない。
> 　一　保険医療機関と一体的な構造とし、又は保険医療機関と一体的な経営を行うこと。
> 　二　保険医療機関又は保険医に対し、患者に対して特定の保険薬局において調剤を受けるべき旨の指示等を行うことの対償として、金品その他の財産上の利益を供与すること。
> 2　前項に規定するほか、保険薬局は、その担当する療養の給付に関し、健康保険事業の健全な運営を損なうことのないよう努めなければならない。

3 規制緩和の流れ

　平成25年6月26日、東京高等裁判所は福島県で病院と同一建物で薬局を開設して保険指定を申請したところ、構造上の独立性を欠くことを理由に指定拒否処分とした地方厚生局長の処分につき「経営上の独立性が十分に確保されている場合には、構造上の独立性に関する規定は緩やかに解するのが相当である」と判示し、裁量権の逸脱を理由に指定拒否の取消しおよび指定の義務付け請求を認容する旨の判決をしました。この事案は、一般病院（305床）と大手チェーン薬局のほか、上層階はタワーマンション等になっている再開発事業による複合

ビルであり、病院入口と薬局入口がビル前面の敷地に面して隣り合わせになっており、前面敷地が「公道に準ずる道路」と認めるべきか否かが争点となっていたものです。ただし、これ自体は最高裁での判決ではなく、これが今後の国の判断を直接的に拘束するものではありません。

同時期に、総務省が委嘱する行政相談委員（静岡県）に対し「保険薬局と保険医療機関とが隣接している場合、フェンス等により仕切られていると身体が不自由な者、車いすを利用する者、子供連れ、高齢者にとっては不便であるので、一旦公道に出て入り直すべきとする杓子定規な考え方は見直してほしい」旨の相談がありました。

それを受けた総務省行政評価局は、行政苦情救済推進会議（座長：大森彌東京大学名誉教授）に諮り、平成 26 年 10 月 31 日付で「厚生労働省は、保険医療機関に隣接して設置されている保険薬局の指定（更新）を行うに当たり、当該保険薬局における、保険医療機関からの経営上の独立性が確保されていることが確認できる場合には、構造上の独立性について、例えば「両施設の敷地境界がフェンス等によって仕切られている必要がある」といった杓子定規な考え方はせずに、訴訟の判決を踏まえ、対応する必要がある」旨をあっせんしています。

あっせんを受けた厚生労働省保険局は、平成 26 年 12 月 25 日付事務連絡で管下の地方厚生局宛て事務連絡として、構造上の独立性については、単にフェンスで仕切る等を指導するのでなく、保険医療機関と保険薬局の間の空間が「都市計画に基づく公共的な歩行者通行空間」「不特定多数の者の憩いの場、回遊の場であるいわゆる提供公園」等であるかも含めて総合的に判断すべきものとしています。

4 平成 28 年 10 月 1 日以降の運用

前述のように、従前は保険薬局および保険薬剤師療養担当規則（薬担規則）が禁じている保険医療機関と保健薬局の一体的な構造の例として、「保険薬局の土地又は建物が保険医療機関の土地・建物と分離

しておらず、公道又はこれに準ずる道路等を介さずに専用通路等により患者が行き来するような形態のもの」（平成8年3月8日保険発第22号）が挙げられていました。

しかし、平成25年6月26日の判決、平成26年10月31日の総務省行政評価局によるあっせん、平成26年12月25日事務連絡を経て、平成27年6月30日閣議決定された「規制改革実施計画」、平成28年10月1日より適用されるものとして、厚生労働省保険局医療課長、同歯科医療管理官連名の通知が発出され、右の解釈変更が行われています。

右の通知により平成8年3月8日保険発第22号は変更され、保険医療機関と保険薬局の間に「公道またはそれに準じる通路を介して〜」の構造を設けることは不要となりました。なお、この通知は平成28年10月1日から適用されており、実務の取扱いとしても、従前の動線上にプランターや壁等を設置して公道を介して行き来する構造とする行政指導から、今回の通知に基づき公道から薬局の出入り口を確認できるかを等を確認する方向で運用されています。

ただし、今回の通知により保険薬局の指定の更新に際しては、薬局の経営に関する書類の提出を求める等により「一体的経営」に当たらないことを確認し、また医療機関の調剤所と同様である場合には新規指定をしない、既存薬局であっても改善指導に従わない場合は更新しない等の指針も明示されています。

保医発 0331 第 6 号平成 28 年 3 月 31 日
「保険医療機関及び保険医療養担当規則の一部改正等に伴う実施
上の留意事項について」の一部改正について

（中略）

（二）この場合において、保険医療機関と一体的な構造とは、次
のアからウまでに掲げるような構造を指すものであること。

ア　保険医療機関の建物内にあるものであって、当該保険医療
機関の調剤所と同様とみられるもの

イ　保険医療機関の建物と専用通路等で接続されているもの

ウ　ア又はイに該当しないが、保険医療機関と同一敷地内に存
在するものであって、当該保険薬局の存在や出入口を公道等
から容易に確認できないもの、当該保険医療機関の休診日に
公道等から当該保険薬局に行き来できなくなるもの、実際に
は当該保険医療機関を受診した患者の来局しか想定できない
もの等、患者を含む一般人が当該保険薬局に自由に行き来で
きるような構造を有しないもの

なお、ウへの該当の有無については、現地の実態を踏まえ、
地方社会保険医療協議会に諮った上、個別に判断すること。ま
た、保険薬局の独立性の確保の観点からは、いわゆる医療ビル
のような形態は好ましくないが、このような場合にあっては、
当該建物について、患者を含む一般人が自由に行き来できるよ
うな構造になっている旨を十分に確認すること。加えて、この
ような形態の場合には、患者誘導が行われるような実態のない
よう、併せて留意すること。

（後略）

（岸部宏一）

レイアウトの決め方

1 受付・会計

(1) 受　付

　受付はクリニックの顔です。ここでクリニックの最初の印象が決まってしまいますので、大変重要です。昔のようなガラス窓で区切られた閉鎖的な形ではなく、オープンカウンタータイプとして、ホテルのフロントのようなしつらえができるとよいでしょう。

　受付の位置は、外部からの人の出入りが把握でき、待合の患者さんの様子がわかる位置にしましょう。診察を待っている患者さんの具合が悪化した場合にすぐわかり、対応できるような位置に配置することは、とても大切です。

　診察室、事務室、院内処方の場合は薬局など、受付とのつながりが重要な部屋がありますので、人、モノ、情報のやり取りがスムーズに行われるよう、配置には十分な検討が必要です。特に紙カルテを使用しているクリニックの場合、診察室との動線上のつながりはとても大切です。もちろんカルテの受渡しで患者さんと職員の動線が交差するような形は、問題外です。また、電子カルテの場合は書類のやり取りがないので受付と診察室はつながりがなくてもよいと思いがちですが、過去のカルテや伝票のやり取り、診療内容の確認やちょっとした伝達があったりしますので、受付と診察室は、やはり動線上のつながりがあるほうがよいでしょう。

　カウンター内での事務作業やパソコン画面の電子カルテの内容が、患者さんに直接見えないようにする工夫も重要です。ホテルのフロン

トのように、受付業務と事務作業を別の部屋で行うようにすればこれ
らの問題は解決しますが、実際の作業効率を考えると同一の空間のほ
うが効率的です。カウンターの高さや幅などを検討し、視覚的に工夫
をして、患者さんから見える部分はすっきりさせ、内部の書類などを
見えにくくして、スタッフ側のカウンターは引出し式の台を設けたり
プリンターを下に置いたりして立体的な空間利用を検討し、機能的に
使えるように設計するとよいでしょう。また、患者さんの杖やバッグ
などの置き場の工夫も忘れてはなりません。とにかく、利用する患者
さんの目線に立った配慮は重要です。

　紙カルテや書類棚は、患者さんから直接見えないようにすることも
必要です。職員にとっては受付をして、振り向いたところにカルテや
書類があるのは、とても便利だとは思います。しかし、患者さんから
雑多な書類棚が直接見えてしまうと乱雑な印象になってしまいますの
で、避けたほうがよいでしょう。その場合、書類棚は作業動線の良い
場所で患者さんからは直接見えない場所に設置すべきでしょう。しっ

かり検討すれば、作業上での面倒さはさほど気にならないように設計することも可能です。この他にも、コピー機やFAX、スキャナーなどの様々な事務機器、その他書類棚などが必要になります。これらもなるべく患者さんの目に入らないように、かつ作業効率の良いレイアウトを検討しなければなりません。

(2) 会　　計

　会計は、受付カウンターの延長部分（同じカウンター）で行う形が一般的です。

　受付・会計の作業をしっかり把握し、レジスターやコンピューター、領収書を印刷するプリンターなどを置くスペースを想定して設計しなければなりません。

　診療科によっては、お年寄りの患者さんが座って会計ができるスペースも確保するとよいでしょう。会計時にお金の出し入れを行うので、大きなお金を扱う場合などは、待合からの視線の死角になるようなスペースを作る配慮もできると、より良いでしょう。

　院内処方で、服薬指導を受付カウンターで行う場合、指導方法や誰が行うかなどによりスペースや位置も異なりますので、注意が必要です。

　受付→診察・検査→薬局（院内処方の場合）→会計の流れを十分に把握し、機能性を十分に検討してデザイン上のバランスを取りながら設計することが、大切です。

　また、患者さんの個人情報など重要な情報や現金を扱う場所ですので、セキュリティー対策もしっかり行わなければなりません。

2 待合・中待ち

(1) 待　　合

　待合は、患者さんにとって大変重要な部分です。

　診察までの時間をストレスなく、ゆったりと過ごせるような工夫が
とても重要です。スペースの問題もあると思いますが、ゆとりのある
空間を演出しなければなりません。

　配置については、玄関→受付→待合→診察→待合→会計→玄関とい
う、患者さんの動線の流れをスムーズにすることはもちろん、それ以
外の要素もしっかり把握し、配置しなければなりません。

　椅子の配置も、みんなが受付の方向を見るような、昔の病院のよう
な配置ではなく、中庭などが見えるようなレイアウトが理想的だと思
います。都心部では、なかなかそのような恵まれた環境を確保するこ
とは難しいですが、その場合も壁に掛けた絵を見せるようなレイアウ
トにするなど、空間づくりの工夫はとても重要です。

　予約システムなどの導入により、待ち時間を少なくする工夫はでき
ますが、どうしても待ち時間が長くなってしまう場合もあり、そのとき
に受付ばかりを見ていると、まだかまだかといらいらするような状況に
なりますので、患者さんの心理的な側面からのアプローチも必要です。

(2) 待合以外のスペースとのレイアウト

　他には、患者さん同士の目が合うようなレイアウトや、玄関から
入ってきた患者さんと目が合ったり、トイレから出てきた患者さんと
目が合ったりするようなレイアウトも避けるべきです。

　待合とトイレの位置の工夫も必要です。トイレのドアを開けると中
の便器まで待合で待っている患者さんから見えてしまうようなことに
ならないよう、十分検討しなければなりません。

　また、院内情報を患者さんへ発信するための掲示板やテレビモニターなどの設置の検討も必要です。

　子供の利用が多い診療科、例えば小児科、耳鼻咽喉科、産婦人科などはキッズスペースを設けるとよいでしょう。広さは待合との関係によりますが、子供が騒いだりするので、診察室や受付からは少し離れていて、受付から様子が確認できる位置に設けるとよいでしょう。小児科・産婦人科などは、授乳室の設置の検討も必要です。

(3) 中 待 ち

　中待ちは、待合から診察室が離れている場合や耳鼻咽喉科など多くの患者さんを短時間で診なければならない場合、小児科など前もって準備が必要な場合などは、設けたほうがよいでしょう。診察室の前の廊下部分を少し広げて、いすを置けるようにします。間違っても診察室内にカーテンで区切って設けるような前時代的なことは、行わないようにしてください。

3 トイレ

トイレは、できれば狭くても男女別にしたいところですが、規模や予算により難しい場合が多いと思います。車いす用のトイレも検討し、専用で設けられない場合は男女別の場合はどちらかと兼用にし、男女共用の場合は車いすでも入れるようなトイレを設け、ベビーチェアーやおむつ交換用ベビーシートを設置するとよいでしょう。

手洗い器の蛇口は自動式にすると衛生的ですし、水の出しっ放しなどのトラブルも避けられます。手を拭くためのペーパータオルを設置する場合、ごみの散乱やごみ箱の清掃などの問題がありますが、ハンドドライヤーを設置するとごみの問題もなく、お勧めです。

小便器を設置する場合は、壁から少しだけ浮いている機種を選定すると、床の掃除が楽になります。また、大便器にも壁に取り付けるタイプで床から浮かして設置する機種もありますが、選べる機種が少ないので難しいかもしれません。

床材には、尿による汚れなどに強い床材などがありますので、それらを使用するとよいでしょう。また、壁際を 20～30cm 程度巻き上げる工法を選定すると、より掃除がしやすくなりお勧めです。

照明は、人が来たら点灯する人感センサー式とすると、消し忘れなどがなくよいでしょう。

換気扇は、においがこもったり、においが他の場所へ流れるのを防止するため、常に作動させておきます。そのため、センサースイッチとはせず、患者さんが誤って操作してしまうことがないような場所にスイッチを設けるとよいでしょう。天井に BGM を流すスピーカーを取り付けると、排せつ時の音などの心理的な部分が緩和されると思います。

また、尿検査を行う場合で、産婦人科などのように検査頻度が多い場合は専用のトイレを設けてもよいですが、頻度が少ない場合はコストの関係上、一般のトイレと兼用として設計することになります。

兼用とする場合は、パス BOX 等を設けて採尿カップが検査ゾーン

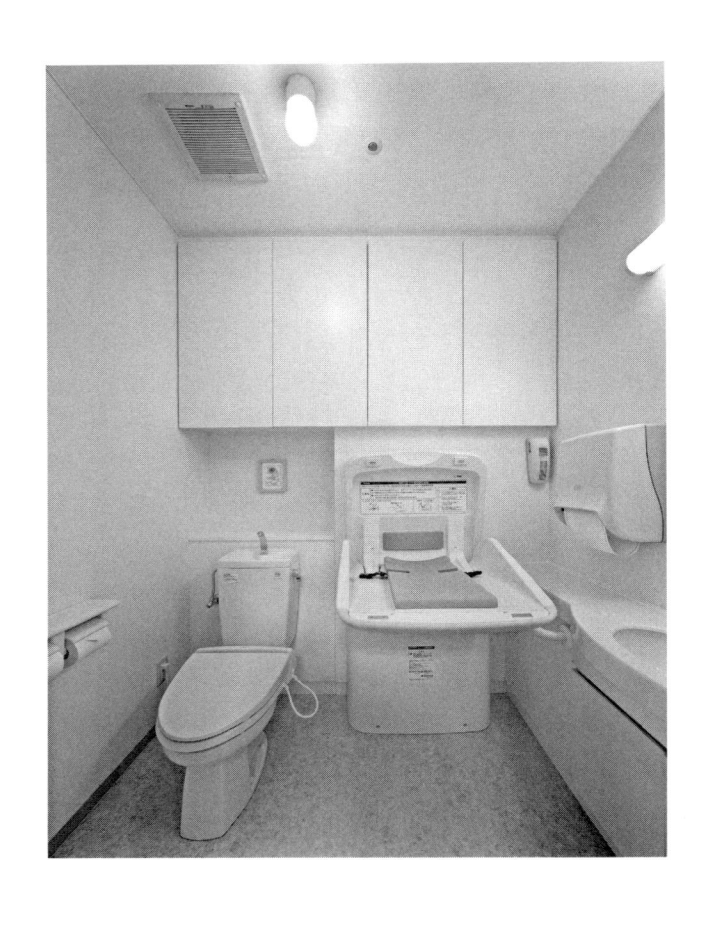

　で直接受け取れるようにしなければなりません。検査ゾーンは処置室の一角や職員の作業ゾーンの動線部分にあると効率的ですので、診察室、処置室、検査室などとの位置関係を十分考慮した位置にトイレを配置することが重要です。勿論、患者さんが採尿カップを持ってトイレから出て来るような設計は、絶対にダメです。

　トイレは、建物全体の格を決める上でとても重要であると考えられます。建物がきれいでもトイレが狭く汚いと、全体の印象はかなり低くなります。かと言って豪華にしすぎて悪趣味にならないよう、全体のバランスを考えてトータル的なデザインを考えていくことが重要です。

4 診察室

　診察室は診療科目によっても異なりますが、ここでは多くの診療科で用いられる一般的な形を説明します。

　診察室の数は、同時に診察を行う予定のドクターの数で決めます。ドクターの数＋1で作ると、その後の変化にも対応できると思います。病院の場合は原則として診療科数に対応した外来診察室を設ける必要がありますがクリニックにこの基準の適用はありません。

　部屋の大きさは、幅2.8m×奥行3.5m程度を基本とします。診察室の奥には、処置室や受付、その他の部屋と職員が行き来できる裏動線用通路を確保します。診察室と通路の間は壁と扉で仕切ると患者さんのプライバシーは高まりますが、壁がないほうが機能的ですので、カーテンで仕切る場合も多くあります。

　通路部には作業カウンターを設け、看護師など職員が利用する電子カルテやオーダリングシステム用のパソコンなども置けるようにします。

　診察室には、電子カルテ用パソコン、X線画像用モニタ、一般用パソコン、クリニック内の様子を見るための監視カメラモニタなどが置けるように、大きめなサイズの診察机、書類用の棚、処置ベッド、脱衣かごなどが置けるようにします。また、壁掛けタイプのシャーカステンを使う場合は、壁に下地補強が必要です。

　診察机の位置は、紙カルテの場合は書類を書く関係上、利き腕と反対側に患者さんが来る配置にすると、患者さんと向き合う形になるので診察しやすいレイアウトとなります。電子カルテの場合であってもPC操作等を考えると同じことがいえるでしょう。

　また、診察室でエコー検査を行う場合は、ドクターがプローブをどちらの手で持つかにより機器を置く位置が決まりますので、本体のサイズなども検討し、診察室の大きさや入り口の位置を調整します。

　入口は、引き戸もしくは内開き戸で、患者さんが入って来る様子がドクターから見えるような位置とし、ドクターの背中側から患者さんが入って来る形は、できる限り避けるようにします。

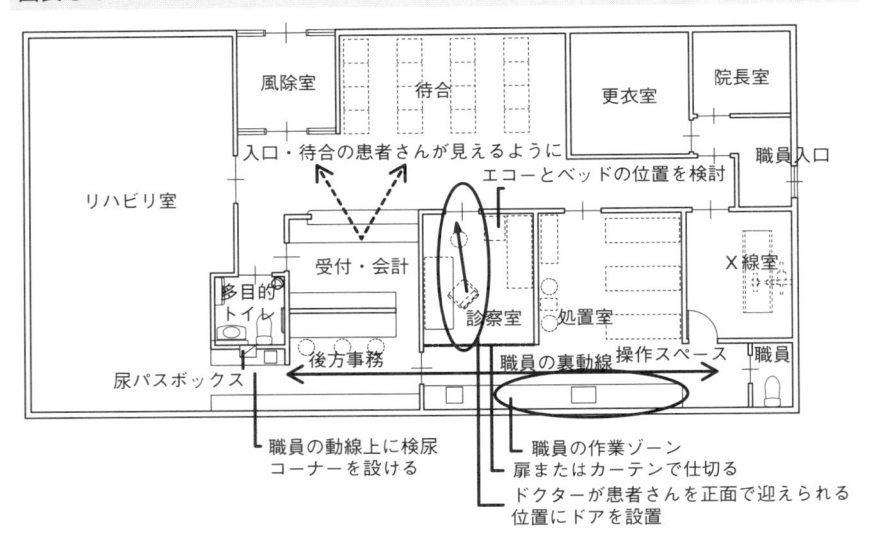

リハビリ室

風除室　　待合　　更衣室　　院長室

職員入口

入口・待合の患者さんが見えるように

エコーとベッドの位置を検討

受付・会計

多目的トイレ

診察室　処置室　X線室

後方事務　　　　操作スペース　職員

尿パスボックス

職員の裏動線

職員の動線上に検尿
コーナーを設ける

職員の作業ゾーン
扉またはカーテンで仕切る

ドクターが患者さんを正面で迎えられる
位置にドアを設置

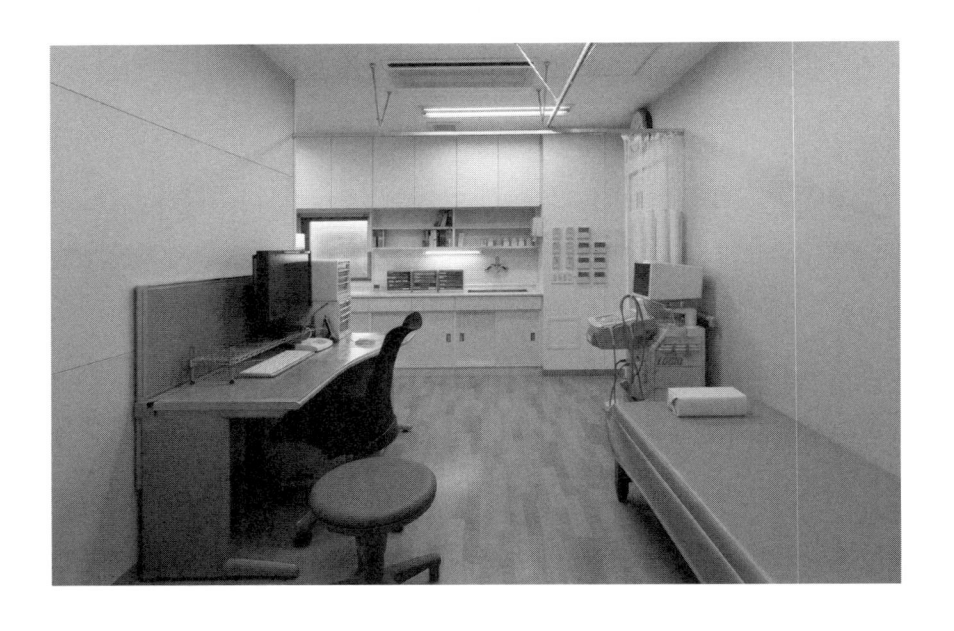

5 処置室

　処置室は、採血や注射、血圧測定の他、行う予定の処置、検査内容により必要な大きさと設備を検討します。

　点滴や心電図、脈波などの検査を行う場合は処置ベッドを並べ、カーテンレールで仕切る形が一般的です。点滴を行う数が多い場合は、点滴室として別の部屋を設けるほうが、患者さんが落ち着いて受けられるのでよいでしょう。

　外科などで外傷処置の他、小手術を行えるようにするために無影灯を設置する場合は、天井に専用の下地が必要となりますので、注意が必要です。

　また、処置室の奥は診察室からつながる職員動線用の通路とし、そこに面して作業カウンターを設け、点滴などの準備作業や機材などの洗浄や消毒ができるスペースを設けます。この作業カウンターには、アンプル類や注射針の置き場、点滴材料やその他の必要なものが置けるスペースや棚が必要です。他には、機材を洗浄するための流し台、オートクレーブ、冷蔵庫、ごみ置き場などのスペースを確保します。この際は、具体的に置くものや機種を想定して細かく寸法を検討し、設計する必要があります。

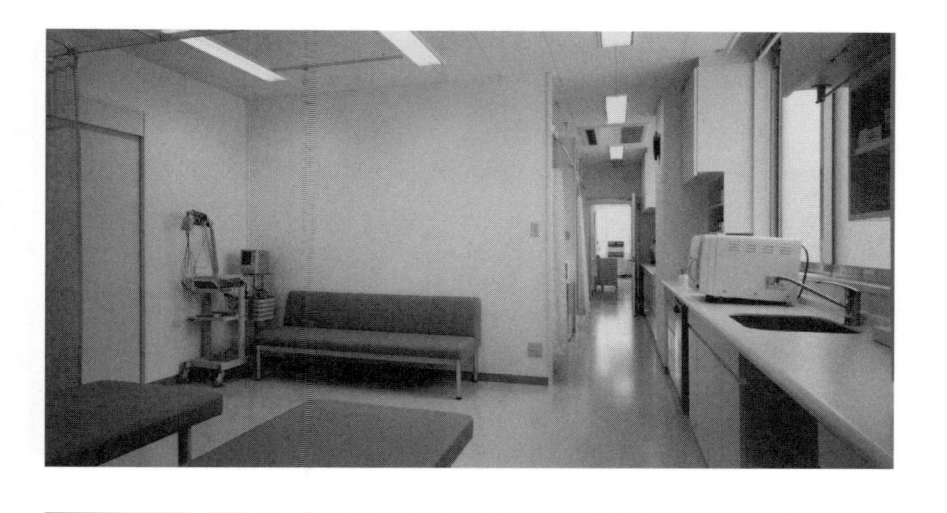

6 内視鏡検査室

内視鏡検査室は、上部消化器のみの検査を行うか、下部消化器まで検査を行うかにより、求められる機能が大きく異なります。

いずれにしても、患者さん用ロッカーと検査前の点滴や検査後のリカバリーに使用するベッドもしくはリクライニングチェアに加え、におい対策として通常より強力な換気設備を設けるとよいでしょう。モニター画面の見やすさを確保するために検査時に部屋を暗くしますので、窓に面している際には遮光カーテンで窓を塞ぎ、照明器具も調光式にしておく必要があります。

また、下部消化器管の内視鏡検査を行う場合には、上記に加えて検査室のすぐ近くに患者さん専用のトイレを、想定する検査例数に応じて、できるだけ複数箇所設置します。

内視鏡検査室のサイズの目安は、2.7m × 4.5m 程度とし、洗浄スペースやモニターの設置位置（壁付、内視鏡機器上部、天吊り）やドクターの立ち位置等により変わってきます。

電源については、ベッドと機器のレイアウトにより検討し、壁面か天井面に設けます。床面にコンセントがあると検査中にモニターに集中しているドクターやセデーション下にある患者さんのつまずきの原因となりますので、避けなければなりません。天井に設置する場合、コンセントからプラグが簡単に抜けないようにプラグをひねって固定するタイプを選択します。

内視鏡洗浄室は、内視鏡室内もしくは隣室に消毒室または準備室として配置します。シンクでスコープの洗浄を行う場合は、スコープをあまり曲げなくてもよいように十分な広さと深さがあるシンクを選択します。また、内視鏡洗浄機を設置する場合には、専用の給水、排水管が必要です。洗浄機を増設する場合や後から設置する場合は、事前に設置できるスペースや配管経路を確保しておく必要があります。

リカバリー室は、検査後の休息だけでなく検査前の点滴や処置にも利用しますので、内視鏡室に隣接して配置します。想定する検査例数

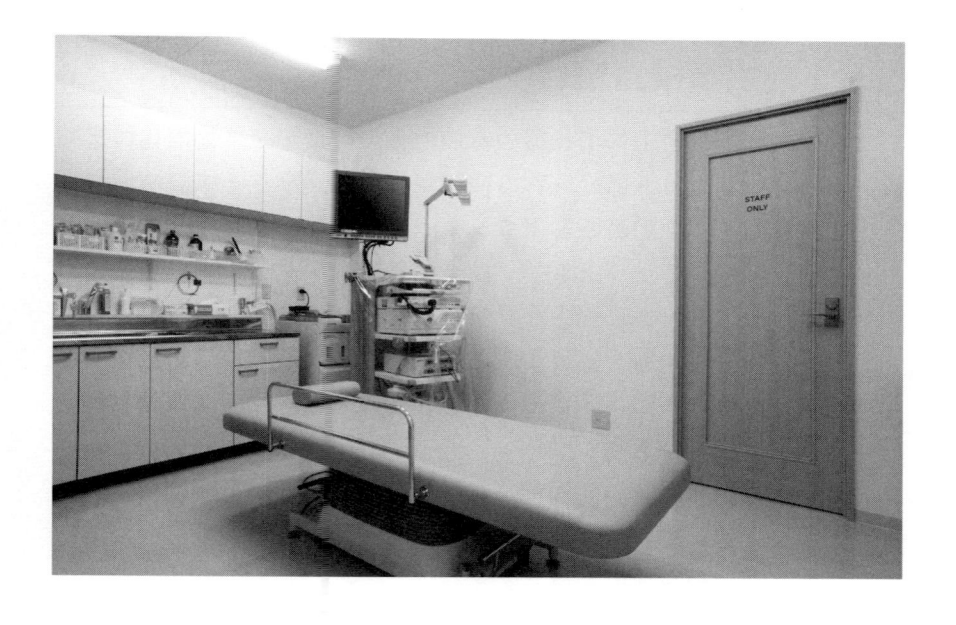

に合わせてより必要となるベッドもしくはリクライニングチェアの数を決めていきます。リクライニングチェアのほうがベッドよりスペースの節約ができ、またホームセンターなどで安価で購入できることから、近年では多用されています。さらにベッドまたはリクライニングチェアの間は間仕切り壁とすることもありますが、カーテン仕切りとすることで、プライバシー確保とスペースの節約を両立させることが可能になります。

7 X線室・CT室

　X線室・CT室には、室外に放射線が漏れるのを防ぐために、天井・床・壁面および出入口のドアの内側に鉛のシートを貼り、放射線を遮蔽する防護工事が必要となります。鉛シートの厚さは一般的に、X線室で1.5mm、CT室で2.0mmあれば放射線の遮蔽はできますが、保健所により鉛の厚みの指定を指導される場合がありますので、事前に確認が必要です。また、床・天井・壁面がコンクリートに面している場合には、鉛シート1mmがコンクリート100mm相当の遮蔽性能がありますので、X線室でコンクリートの厚みが150mm以上、CT室で200mm以上あれば、鉛による防護が不要となります。しかし、配管等の穴がある場合やコンクリート自体の施工精度が悪い場合は、鉛シートによる防護が必要になりますので、注意が必要です。

　一般的に、鉛シート付の石膏ボードを貼って施工しますので、ボードの継ぎ目やドアの枠の部分から放射線が漏れやすく、それらの部分には鉛シートの重ね貼をするなど、しっかりした施工が必要です。部屋の内部の照明やコンセント・スイッチ類を設置する場合は、鉛シート付のボード面に穴を開けますので、この裏側を鉛シートで覆う必要があります。

　ドアや操作室にガラス窓を設置する場合は、鉛ガラスを使用します。ガラスの厚さは、ガラスメーカーにより、必要となる鉛シートの厚さと同等の遮蔽性能を持つ厚さが決められています。また、鉛ガラスは清掃の際に水分を含んだ布で拭くと白く曇ってしまいますので、日頃の注意が必要です。曇りを防ぐために鉛ガラスを特殊ガラスでガードした放射線遮蔽用ガラスもありますので、採用を検討してもよいでしょう。

　放射線の漏れがないかどうかは、X線室が完成し、装置を設置した後に漏洩線量測定を行って確認します。測定結果は、保健所への提出書類にも添付が必要になります。建物および内装工事完成後の設置となることから、測定を行うのは開業時期が迫ったタイミングとなりま

すので、放射線漏れがあった場合は、防護工事のやり直しと再度の漏洩線量測定を行わなければならず、保健所への届出を含む開業スケジュールが遅れてしまう可能性があります。X線室の防護工事は、スケジュールを含め慎重に行わなければなりません。

　X線一般撮影の場合には、ブッキースタンド、ブッキーテーブルのレイアウトや車いすでの移動、装置の走行方法を考慮し、部屋の大きさや必要な設備を決めます。壁走行、床走行の場合は、レールを固定するための下地を壁、床にあらかじめ設置しておかなければなりません。整形外科などで導入する天井走行型の場合は、天井に建物の構造体に直接取り付けるレール用の下地が必要になりますので、選定する機種のメーカーの仕様を確認し、必要な強度を有する下地を設置しておかなければなりません。

　また、ブッキーテーブルの前後左右に技師や職員が入ることができるようにしなければなりませんので、部屋の大きさにも注意が必要です。

　X線TV装置の場合は、装置本体の向きと操作室、出入口との関係、車いすでの移動を検討しレイアウトを決めます。機種により装置本体の重量が異なり、建物本体の構造計算が必要となる場合がありますので、導入予定の機種を想定し、確認しておかなければなりません。検査後の患者さんが造影剤を飲んだ後の口元を確認し身なりを整えて退室できるよう、鏡や手洗い器の設置を検討するとよいでしょう。

　CT室も同様に、装置本体の向きと操作室、出入口との関係、車いすでの移動を検討しレイアウトを決めますが、装置本体が大きいため、外部からの搬入経路を含め検討しなければなりません。装置を搬入するためには、幅1.2m×高さ2.0mの物が通ることのできる通路幅や出入口が必要になります。重量は1t以上ありますので、設置する床の構造検討をしなければなりません。特に、テナントでの開業の場合は注意が必要です。

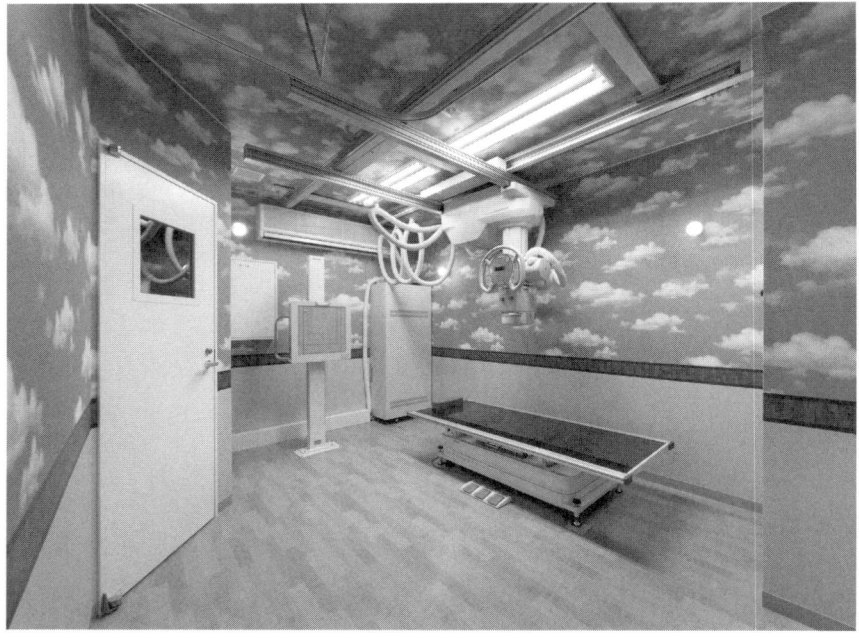

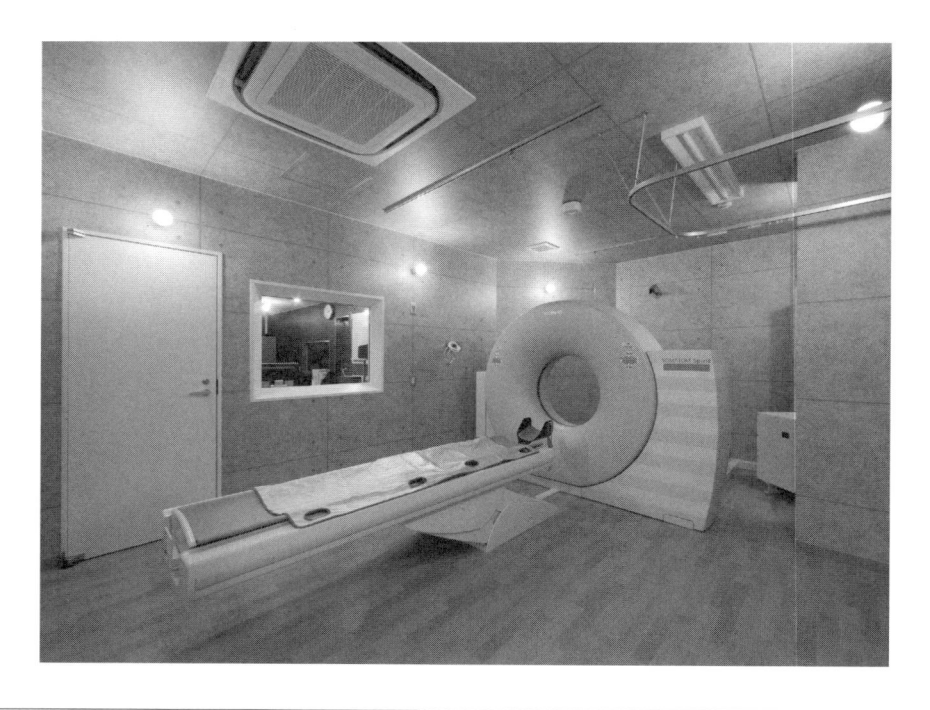

8 MRI 室

　MRI は、強力な磁場を当てることにより画像診断する装置ですので、外部からの電磁波や機器から発生する電磁波が室外の人や他の医療機器に影響を及ぼさないように、電磁波を遮蔽するための室内の床、壁、天井面すべてとエアコン、換気扇、コンセント等の設備にシールド工事が必要となります。また、照明器具は蛍光灯では電磁波を放出するので、ハロゲン電球、白熱灯を使った非磁性体材料で作られた照明器具か MRI 用 LED 照明器具を使用しなければなりません。

　銅を薄くのばした銅箔などを貼り付ける電波シールドと、珪素鋼板などを貼り付ける磁気シールドがあります。

　MRI 装置には、超電導タイプと永久磁石タイプがあり、それぞれ必要となる部屋、大きさ、電気、設備が異なりますので、注意が必要です。

　超電導タイプ（トンネル型）は、冷却のためにヘリウムガスを使用するため、冷却に必要な機械を設置するための機械室や置き場、操作室、ヘリウムガスの漏れや急激な蒸発現象を起こした場合のための放出管などの設備も、必要になります。

　永久磁石タイプ（オープン型）は、ヘリウムガスを使用しないため、必要となる機械類は少なくなり、必要機械は操作室内に設置したりすることも可能で、放出管などの設備も不要となります。

　超電導タイプ、永久磁石タイプのいずれの場合も患者さんの更衣室、金属類を外したりするための前室が必要になります。CT 室や X 線室と同様に、装置本体の向き、操作室、出入口との関係、車いすでの移動などを検討しレイアウトを決めますが、装置本体が大きいため、外部からの搬入経路を含め検討しなければなりません。装置を搬入するためには、幅 2.0m × 高さ 2.4m の物が通ることのできる通路幅や出入口が必要になります。

　また、装置本体の重量は、超電導タイプで 6t 以上、永久磁石タイプは 9t 以上となりますので、MRI 検査室の構造検討はもちろんのこと、搬入経路となる廊下などの構造検討も必要となります。テナント

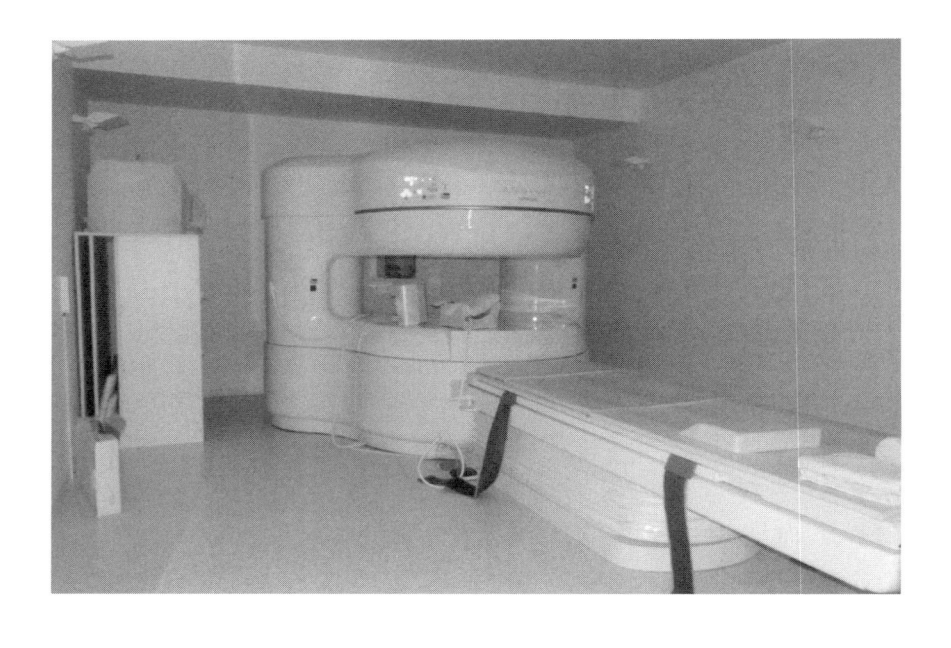

での開業の場合、ビル自体の構造計算の条件や入口、廊下等の条件により設置できない場合がありますので、注意が必要です。

　また、第5章第11節の8でも触れていますが、検査室・操作室・機械室は機器類からかなりの熱が発生するため、冬場でも冷房を入れて指定された温湿度を24時間保つ必要があります。そのため、エアコンは冷暖房の切替えや温度調節が他の部屋とは別に設定できる機種を選定しなければなりません。室内機1機に対して室外機1機の個別タイプか、冷暖房の切替えを含め個別設定のできるビルマルチタイプを選定する必要があります。

　X線一般撮影、X線TV、CT、MRIのいずれの場合も、選定する機種により、大きさ、重量、必要となる電気・設備が異なりますので、導入する機種をあらかじめ想定し、それらの仕様書や注意事項、搬入設置方法、時期などをメーカーと細かく確認し、構造や電気・設備などを決定していかなければなりません。

9 リハビリ室

整形外科のリハビリ室には、多数の医療機器が設置されます。そのため、事前に設置する医療機器を想定し、それぞれ必要な電気容量を計算して、全体の電気容量を決めておかなければなりません。

(1) テナント物件における留意点

テナントの場合はビルから供給される電気容量で足りるか、足りない場合は増やせるのかを確認しておく必要があります。渦流浴などの水治療法を行う場合やホットパックを温めるためのウォーマーを使う場合は、給水、排水設備が必要となりますので注意が必要です。また、高齢者や身体の痛みや不自由を抱えた患者さんのため、段差などがないバリアフリー設計であることはもちろんのこと、通路部分の壁面に手摺を設置しておくと、患者さんの歩行訓練にも利用できますので、よいでしょう。ソファも手すり付にして標準より少し座面を高く硬めにしておくことで、座る、立つといった動作が格段に楽になります。また、杖を固定するホルダーをつけておくと重宝されます。

(2) リハビリの種類ごとの留意点

・物理療法

物理療法では、牽引療法、電気刺激療法、温熱療法、マッサージ療法などがあり、それぞれの特性に合った医療機器を使用しますが、発熱量が多い機器もありますので、空調設備の能力は、機器からの発熱量も含めて計算し、余裕を持って設計しておかなければなりません。真夏に冷房の効きが悪いと、患者さんからのクレームにもつながりかねません。

また、患者さんからも人気のあるウォーターベッドは200Vの特別

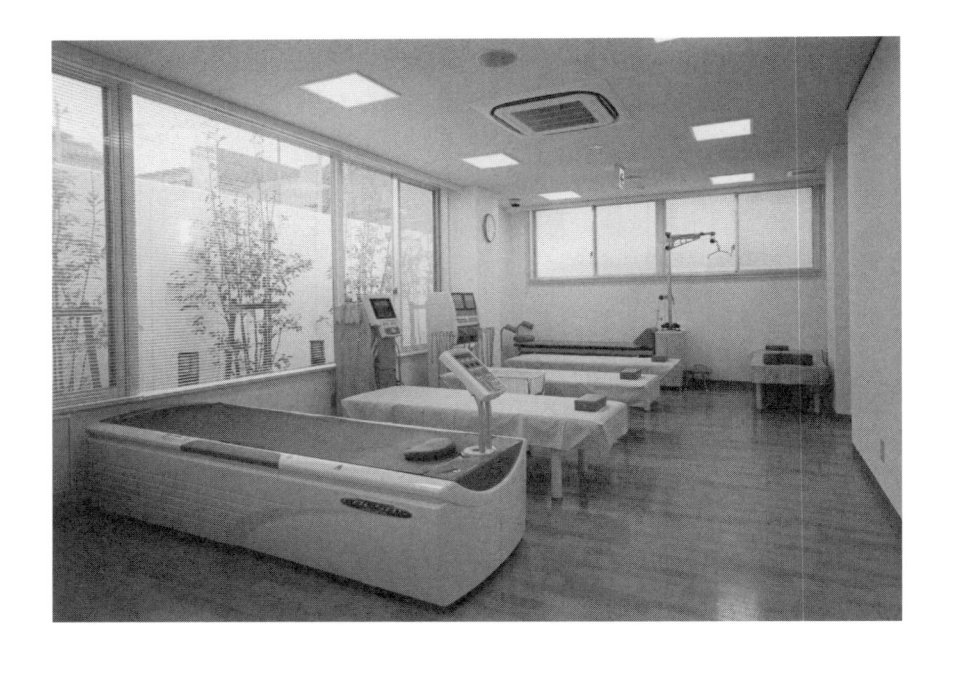

　な電源を必要とするものが多く、水を充填した状態では重量がかさみ、移動も難しいので、設置場所については電気配線、床の強度を含め事前によく検討しておく必要があります。

　・運動療法

　運動療法は、パワーリハビリマシーン等の器具を使って体を動かしたりしますので、使用する器具によっては、天井面、壁面、床面に機器を固定するための工事を行う場合があり、そのための下地補強が必要となる場合があります。下地補強には、天井裏の鉄骨補強やスラブ、壁面にボルトを固定するような工事を行う場合があります。

　テナント開業の場合で、上下階や隣接するテナントが営業中などでこのような騒音が発生する工事を行うことが難しい場合、早朝、昼休み、営業終了後など他テナントと協議の上で工事のスケジュールを組まなければなりません。また、コンクリート壁などの構造体に手を加

えることにもなりますので、事前にビルオーナーに許可をもらう必要
もあります。器具使用時の振動が下階に伝わる場合もあるため、硬質
ゴムマット等を敷いて騒音対策をする必要もあります。

　機器利用だけでなく、マットでの運動療法や、平行棒、歩行補助具
などを使用した歩行訓練を行う場合には、リハビリ室内のレイアウト
や大きさの決定も、慎重に行う必要があります。

　リハビリ室のサイズは、設置する機械の種類や数量により異なりま
すが、診療報酬として運動器リハビリテーション料の施設基準の届
出・算定をする場合には、作り付けの家具等を除いた、有効面積（内
寸）で45㎡以上が必要となりますので、注意が必要です。

・作業療法

　作業療法は、実際の生活の場面を想定した入浴やトイレ、食事や着
替えなどの動作を指導していきますので、クリニックのトイレには介
助者が入ることのできるスペースを設け、排せつ訓練・洗面訓練や車
いすの利用もできるタイプとするとよいでしょう。調理や家事の練習
などは、スタッフが使う作業カウンターや流し台の一部を利用するな
ど工夫をすると、スペースや設備の節約にもなります。手芸や計算、
読み書きを行う場合はのスペースなども、全体のレイアウトを検討
し、効率の良い配置とすることが重要です。

・言語療法

　言語療法は、患者さんの発声練習やカウンセリングを行いますの
で、プライバシーを重視して、隣室や廊下に声が漏れにくいように防
音対策を施すとよいでしょう。

　リハビリ室内はベッドなどに敷くタオル等のリネン類の使用も多
く、消耗品のストックや松葉杖等を含め多くの収納場所が必要となり

ますので、倉庫や収納棚はしっかり計画し、壁の上部などに吊戸棚を設置しておくと、開業後に患者数が増えても収納で困ることは少なくなるでしょう。

リハビリ室は機器をいかに効率良く配置するかによって、患者さんの使いやすさ、スタッフの作業効率が変わります。ドクター、機器メーカー、設計者がしっかり打合わせを行って、機器の選定、レイアウトを行っていかなければなりません。

10　手術室・前室・クリーンルーム

(1) 求められるクリーン度は？

クリニックにおいて手術室を設計する場合、行う手術の内容により、必要なクリーン度は変わってきます。

クラス100を求められるような特殊なバイオクリーン手術室、無菌病室等は、通常のクリニックでは必要ありません。痔の手術や中絶手術などの、あまりクリーン度を要求されない手術を行う場合は、エアコンのフィルターを高性能フィルターとし、単独で温度調整ができ室内が陽圧（他の部屋より気圧が高い状態）になるように換気計画し、外部や他からの空気の流入を防ぐことができるようにすれば問題ないでしょう（換気方式の詳細は本章第11節を参照）。ある程度のクリーン度を要求される手術を行う手術室であれば（整形外科領域の人工股関節全置換等は除く）、HEPAフィルターを組み込んだパッケージ型の空調設備を設置することで、クラス10,000〜100,000程度は確保することができます。

手術室へ入る前に前室を設けクリーン度を段階的に高めることも有効です。この前室で、手指洗浄や消毒、更衣等も行うことができます。手術室への入口はフットスイッチにて開閉できる自動ドアとすると、手を清潔に保てます。

不妊治療、免疫療法、肌再生医療を行うクリニックの細胞培養室な

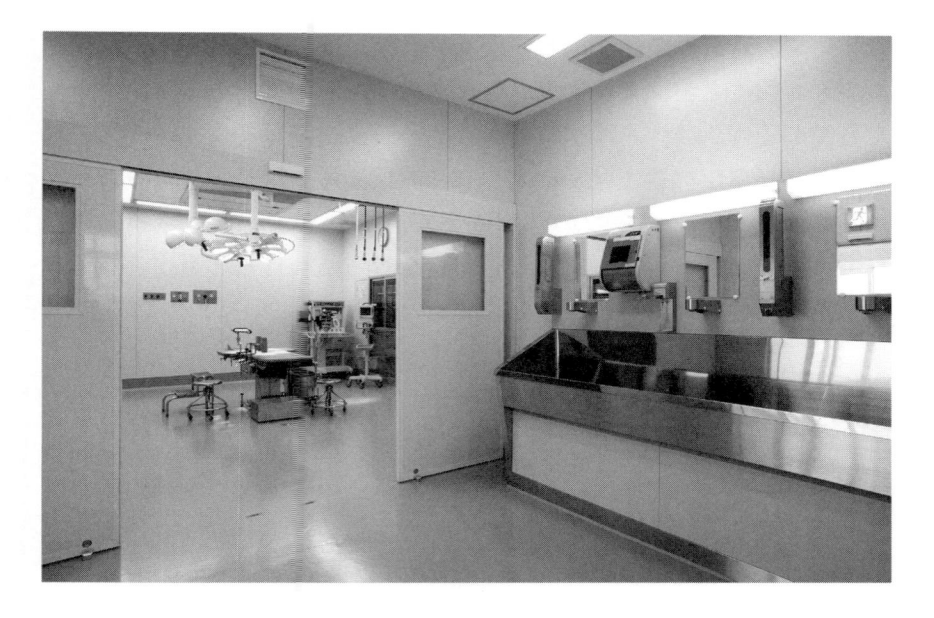

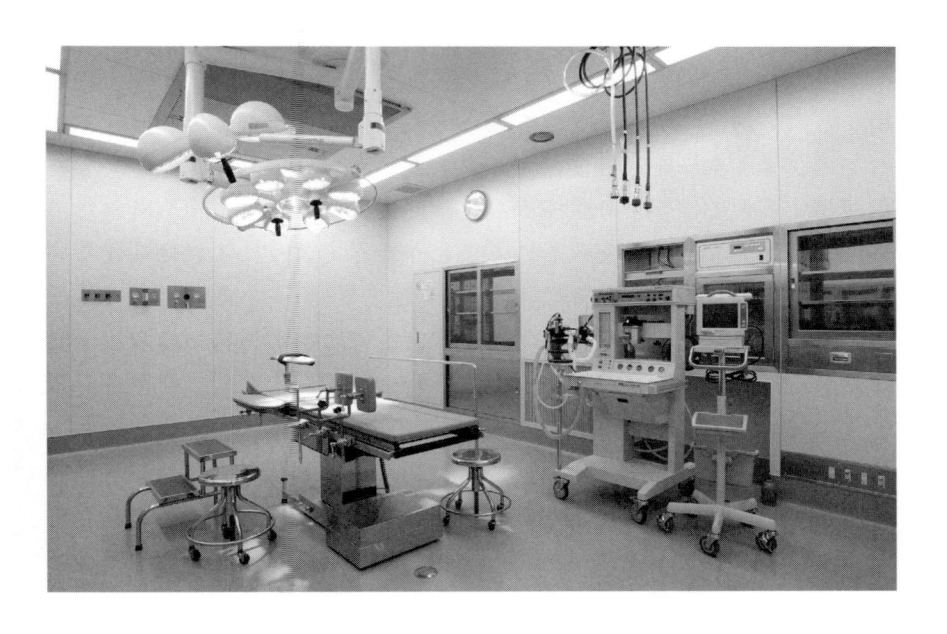

どは手術室に準じますが、使用する機器のサイズ、数量により部屋の
サイズが大きく変わりますので、設計段階で導入する予定の機器を想
定しておかなければなりません。また、他の部屋に隣接する必要があ
る場合がありますので、大きさ、レイアウトは慎重に検討しておかな
ければなりません。また入室、退室のルートや清潔、不潔ゾーンを分
ける場合などもありますので、注意が必要です。

　最近では、一部の自由診療を行うクリニックで、一般的な基準を上
回るクリーン度を追求し患者さんにアピールするところが増える傾向
があるようですが、ドクター、設計者、メーカー間でしっかりと納得
がいくまで打合わせをしていく必要があるでしょう。

(2) 設備を検討する上での留意点

　天井、壁面の仕上げは、ビニルクロス貼ではなく消毒ができ、耐薬
品・防汚染性に優れた化粧板貼とする必要があります。照明はほこり
の入らない手術室用の照明を選定し、無影灯には構造体にしっかり固
定された下地を設置しておかなければなりません。また、コンセントな
どの電気回線は他の部屋とは系統を分け、使用する機器が多い場合は
専用の分電盤を設置するとよいでしょう。酸素、笑気、吸引などのパ
イピングを行う場合は、機械室の大きさや配管経路を検討しなければ
なりませんので、事前にメーカーと打合わせを行わなければなりませ
ん。

　医療施設に詳しくない設計者や施工会社などが、オーバースペック
な手術室を薦めてくるケースが存在するようです。手術内容に対して
必要のない過剰な設計となってしまうと、数百〜数千万円の余計な出
費が発生することともなりかねません。おかしいと思ったら、ドク
ター仲間に相談したり他の設計者や施工会社の意見を聞いたりして、
無駄な設備投資はしないように注意が必要です。

（田邉万人・高橋邦光）

 1　眼　　科

　眼科では、オペを行うかどうかで必要面積が大きく異なり、オペなしで30～40坪前後、オペありで60～100坪前後の面積が標準となります。車いすで来院される患者さんも比較的多いので、待合や通路は、少し余裕を見ておいたほうがよいでしょう。

　診察室は、暗室にできる構造とし、検査機器と連動して照明のオン、オフができるようにするか、ドクターの手元または足元にスイッチを設けるようにし、隣室との区切りは間仕切り壁もしくは暗幕カーテンとします。

　視力検査は、診察室に隣接させるか検査室内に設けることになり、1～5m の距離が必要となりますが、可能であれば5m の距離をとることが推奨されます。

　検査室では設置する医療機器も多くなりますが、コード類によるつまずき事故防止のため、①フロアコンセントとする、②床下にピットを作る、③OA フロアーにして配線するのが望ましいですが、これらができなければモールを用いてコード類をなるべくまとめておく等の対策が必要です。

　検査室内は、多くの患者さんが快適に順番待ちをできるように、いすやソファを配置することが必要です。

　処置室ではベッドもしくは処置いすを設置し、照明もピンポイントで見られるように床置き式もしくは天井吊下げ式を用意します。また、天井照明も調光式にしておきます。

　手術を行う場合には、リカバリー室が必要になり、1 日の想定手術数から設置するベッドもしくはリクライニングチェアの数を算出し、

部屋の大きさを決めます。また、スペースに余裕があれば別に集団説明ができる部屋を設けておき、複数名への手術の説明が一度にできるようにすることもあります。

　また、弱視の患者を想定し、段差や手すり等は目立つ色の素材を使って強調する配慮も重要です。

図表 5-8-1

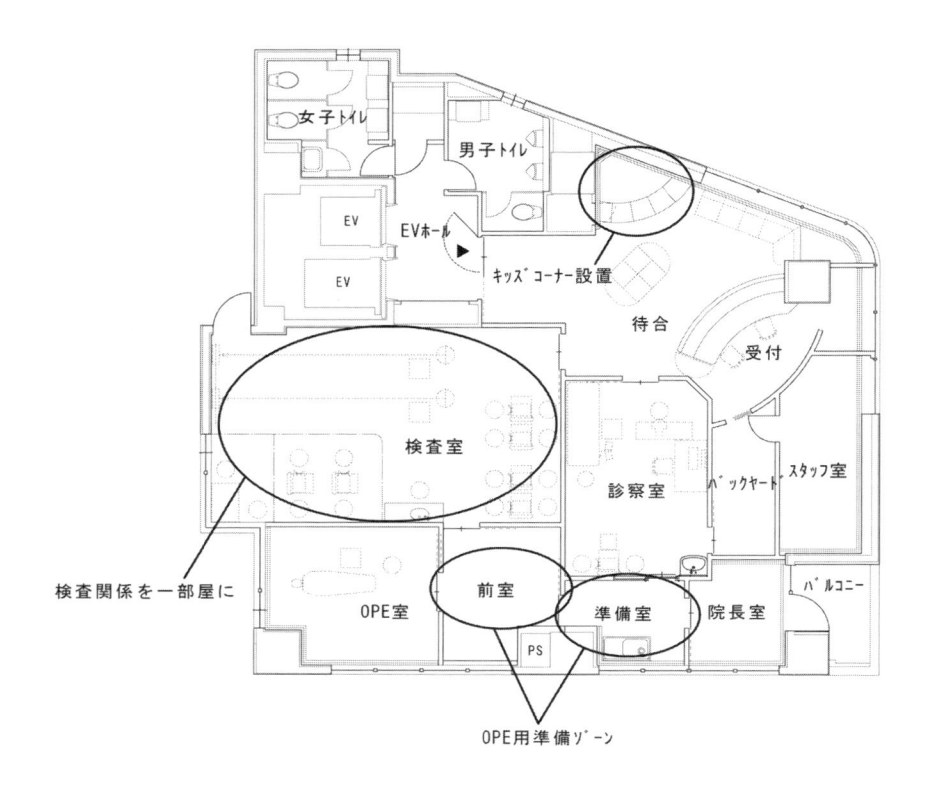

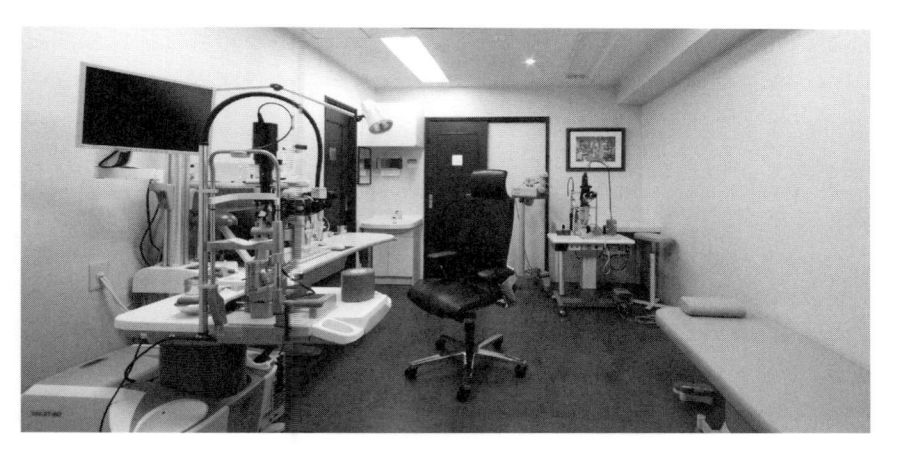

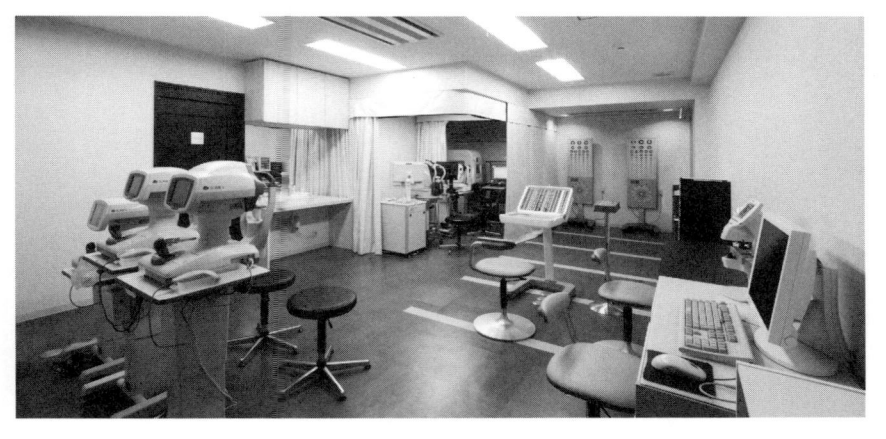

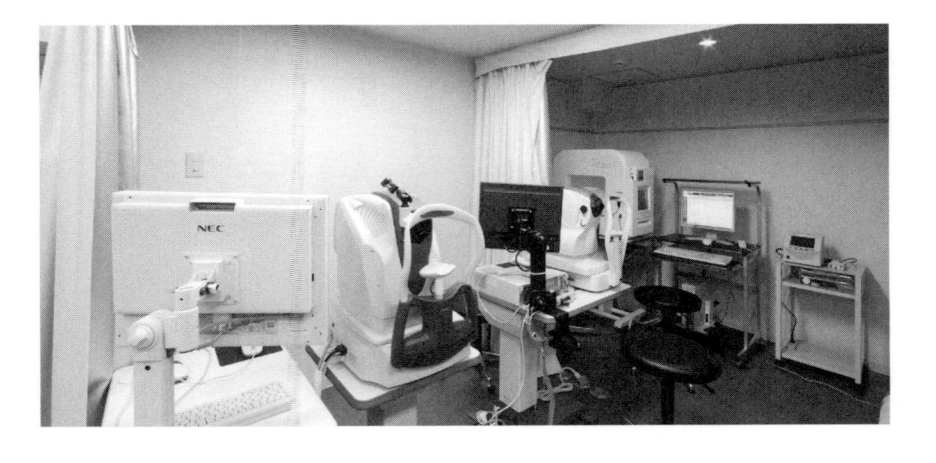

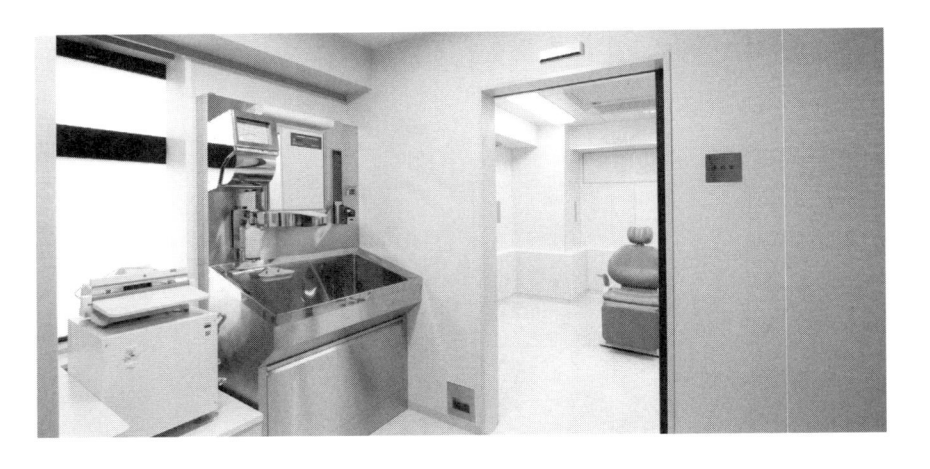

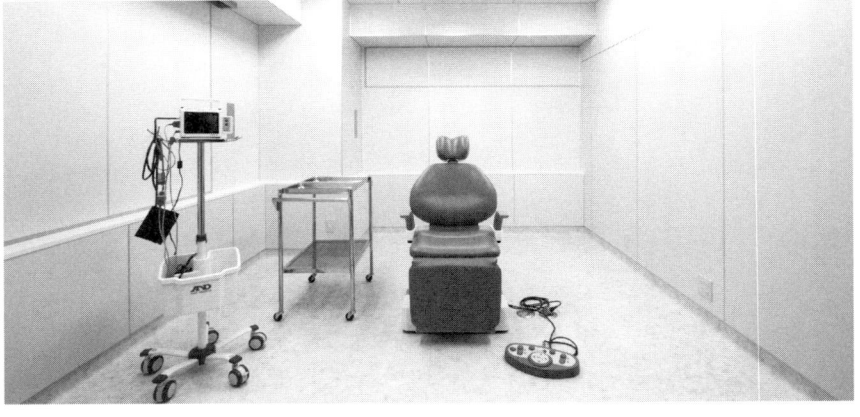

2 小児科

　小児科では、30〜40坪となる場合が多いですが、個室を多数設け
て待合、診察、処置までのすべてをこの個室内で行う形態や、土足か
靴を脱ぐか等の違いにより、レイアウトが大きく変わってきます。

　靴を脱ぐ場合には、玄関に下足入れを設置することになりますが、
夏場などの靴からのにおい対策のため換気扇も設置します。ベビー
カーで来院する患者さんも多いので、その置き場を確保しておくこと
も重要です。

図表 5-8-2

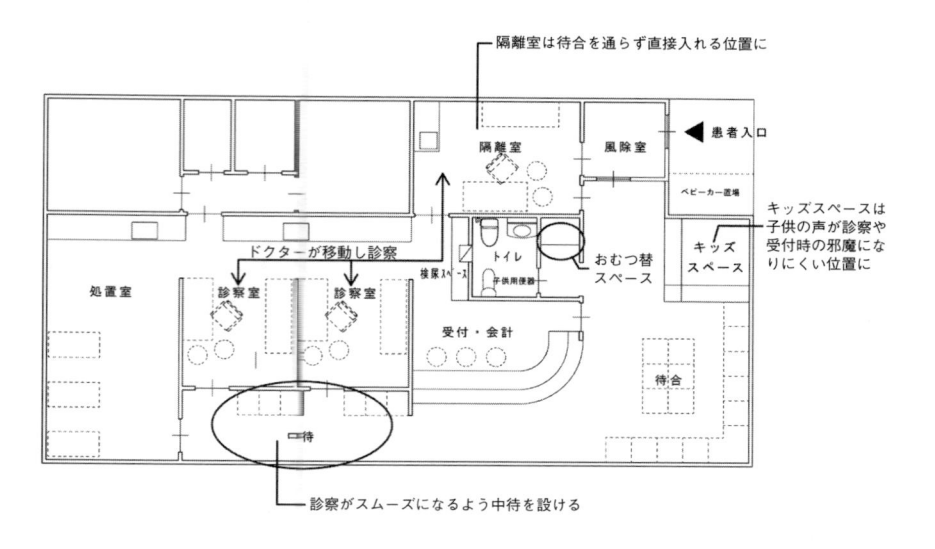

隔離室は待合を通らず直接入れる位置に

患者入口

隔離室　風除室

ベビーカー置場

キッズスペースは子供の声が診察や受付時の邪魔になりにくい位置に

ドクターが移動し診察

処置室　診察室　診察室

検尿スペース　トイレ　子供用便器　おむつ替スペース

キッズスペース

受付・会計

待合

中待

診察がスムーズになるよう中待を設ける

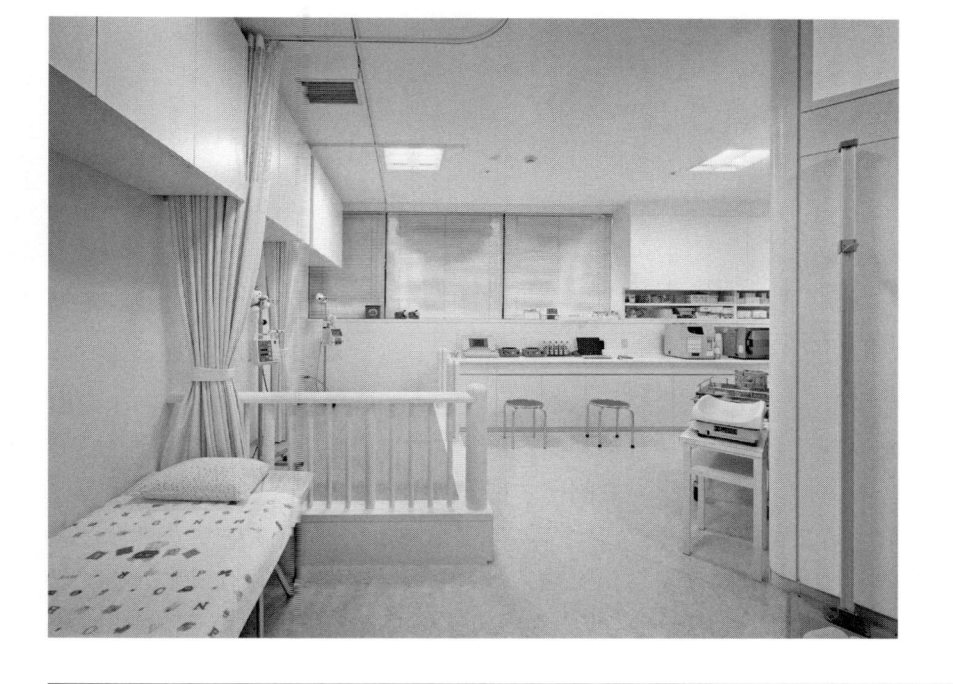

待合は、小児科の場合は付添いの方も来られるので、スペースは広めにとり、いすを多く用意しておく必要があります。床暖房を導入するケースも多く、またキッズコーナーを設けることも有効です。待合やキッズコーナーなどは子供の触れる位置にコンセントを設置しないようにし、やむを得ず設置する場合は、子供が触れても大丈夫なようにガードを設置するなどの工夫が必要です。

　感染症患児に対応するため、隔離室や待合室内に設けた隔離コーナー、もしくは空いている診察室に外部から直接入ることのできる別の入口を設けることが推奨されますが、できない場合は受付で判断して誘導する、といった運用でカバーすることになります。

　隔離室や隔離コーナーに給気口は設けず、排気専用の換気扇のみを設置し、部屋を陰圧（他の部屋より気圧が低い状態）にして室内の空気が待合室や他の部分に広がらないようにすることは、院内感染予防の上で有効です。

　また、授乳室を設け、電気ポットを設置して調乳もできるようにしておくとよいでしょう。

　診察室は、付添いの方も考慮して少し広めのスペースを確保したいところです。触診も多いため、裏動線部分に流し台もしくは手洗器を設置して、常に手を清潔にできるようにします。処置室にはベッド、身長・体重計、測定できる乳児用のコット、ネブライザーや検査機器も設置するので、これらを考慮してレイアウトすることが重要となります。

　トイレには、オムツ換えのできるベビーシートやベビーチェアを設けるほか、可能であれば子供用の便器を設置します。困難な場合は、子供用便座で代用します。

　各室のドアは、小さな子供が指を挟んでけがをしてしまわないように、子供が触れる部分の枠とドアの間に隙間を設けたりゴムなどを設置したり、開きドアの場合はハンドルの高さを少し高くしたりするなどしておくとよいでしょう。

3 産婦人科

産婦人科は、入院施設を持つ場合も多くなりますが、本書では外来部分のみを対象とします。

(1) 診 察 室

産婦人科の診察室は、内科系の診療科目と異なり、検査や患者の移動などの要素の関わりが大きくなりますので、問診、計測、エコー検査、内診などの診察の流れをよく検討し、診察デスク、処置ベッド、医療機器などの配置、部屋の大きさやドアの位置などをより慎重に計画します。

エコー検査では、ドクターがプローブをどちらの手で持つかにより、エコー本体と患者さんの位置が決まります。また、本体の大きさも様々なので、それらを検討しベッドの配置や部屋の寸法を決めます。

診察室は、診察デスク、いす、通路を想定し、患者が診察室から内診室へ入る動線や、検査時のスタッフの介助スペース、エコー検査時の立合いスペースなども含めて検討し、幅や奥行を決定します。

クリニックが完成してエコー検査機器を置いてみたら人が通るスペースを確保できておらず、スタッフが患者さんの横へ移動するために、その都度エコーを動かすか廊下へ出なくてはならない（**図表5-8-3**）、処置ベッドを置いたら内診室へ入るドアが開けられなくなった（**図表5-8-4**）、などの問題が発生しないように、設置する機器等の寸法も含めてしっかり検討しておく必要があります。

また、エコー画像を患者さんに見せられるように重量のあるモニターを壁に設置する場合は、前もって壁に下地を入れておく、検査時には照明を暗くできるように手の届きやすい箇所に照明のスイッチを設ける、なども重要です。

図表 5-8-3

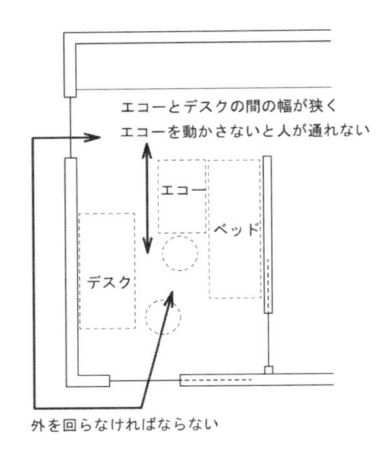

エコーとデスクの間の幅が狭く
エコーを動かさないと人が通れない

エコー

ベッド

デスク

外を回らなければならない

図表 5-8-4

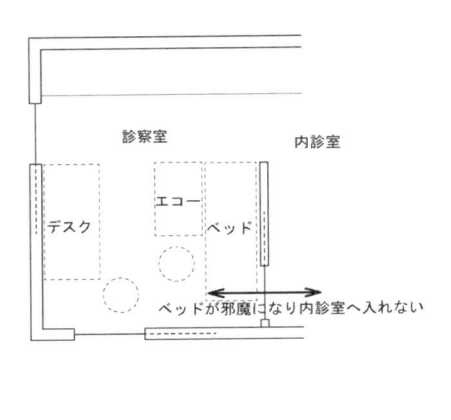

診察室

内診室

デスク

エコー

ベッド

ベッドが邪魔になり内診室へ入れない

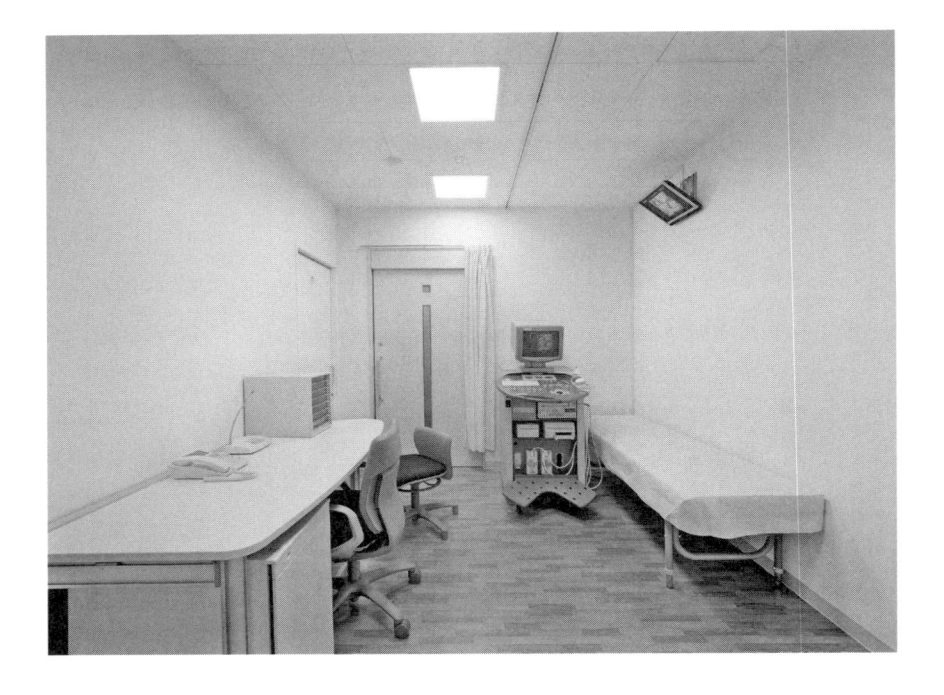

(2) 内診室

　内診室は、診察室に隣接させて配置し、診察室1室に対して内診室1室があることが望ましいでしょう。患者さんが下着の脱衣を行うため、診察前後に時間がかかることが多いですが、患者さんの準備が整うまでドクターが待っているようなことは避けて配置計画や動線計画を行わなければなりません。また、内診台、診療ユニット、エコー検査機器、コルポスコープなど多くの機器を設置しますので、それらが置けるように十分なスペースを確保しておく必要があります。内診台も、種類によって必要なスペースが異なりますので、将来的な機器の入替え、内診台からの排水を含めて設置位置をしっかり検討します。無影灯を壁付けタイプや天井付けタイプで設置する場合は、前もって下地補強をしておく必要もあります。

　尿検査の頻度も多くなりますので、採尿室・トイレの位置と検査ゾーンの位置関係も慎重に検討しなければなりません。

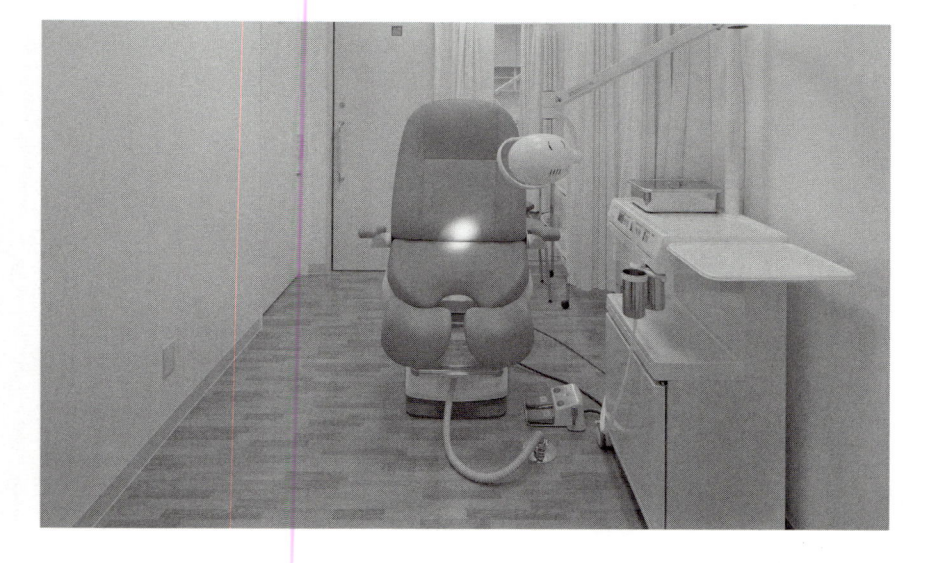

4 耳鼻咽喉科

　多くの患者さんを効率良く診察しなければならないため、これまで
は、診察室に診療ユニット、ネブライザー、検査ゾーン、中待合室を
配し、大きな一室空間となっていることが多く、患者さんのプライバ
シーに対する配慮はあまりされない状態が多くありました。

　しかし、近年の患者さんの意識の高まりを考えれば、極力プライバ
シーを保てるようなプランやレイアウトとすることは避けられませ
ん。とはいえ、ドクターが診察中にネブライザーや検査室などの全体
の様子を把握できることも重要であり、相互に矛盾する課題を可能な
限り両立させることが課題です。

　例えば、ユニットチェアに座って口を開いている患者さんの姿が中
待合室からは死角になるように壁やドアなどをレイアウトしたり、検
査時にユニットの横を通らなくても行けるようにレイアウトするなど
の工夫が大切です。

　また、X線撮影などドクターの作業動線も慎重に検討し、診察の効
率を落とさないようにしなければなりません。検査室では検査機器の
レイアウトを検討し、聴力検査ボックスは観察窓とドアの位置関係が
決まっているため、しっかり確認し設置位置を決めなければなりませ
ん。

　さらに、子供の泣き声などの影響を少なくするため、ユニットとの
位置関係や検査室の防音についても検討が必要です。

　その他、診察で使用する器具の洗浄・消毒への流れがスムーズにで
きるよう、消毒・洗浄コーナーの位置もしっかり検討することが必要
です。

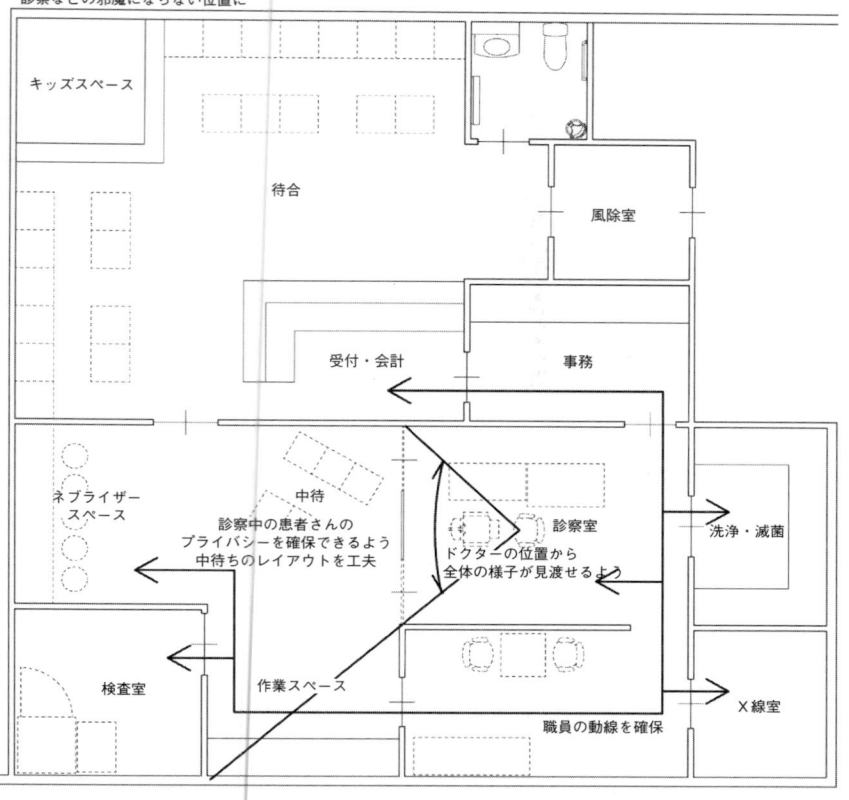

キッズスペースは子供の声が
診察などの邪魔にならない位置に

キッズスペース

待合

風除室

受付・会計

事務

ネブライザー
スペース

中待

診察中の患者さんの
プライバシーを確保できるよう
中待ちのレイアウトを工夫

診察室

ドクターの位置から
全体の様子が見渡せるよう

洗浄・滅菌

検査室

作業スペース

職員の動線を確保

X線室

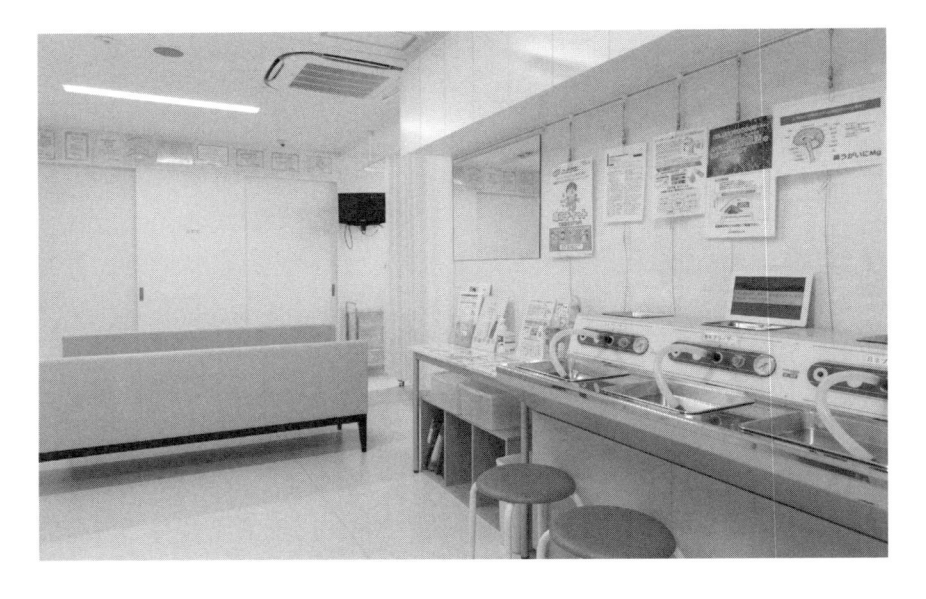

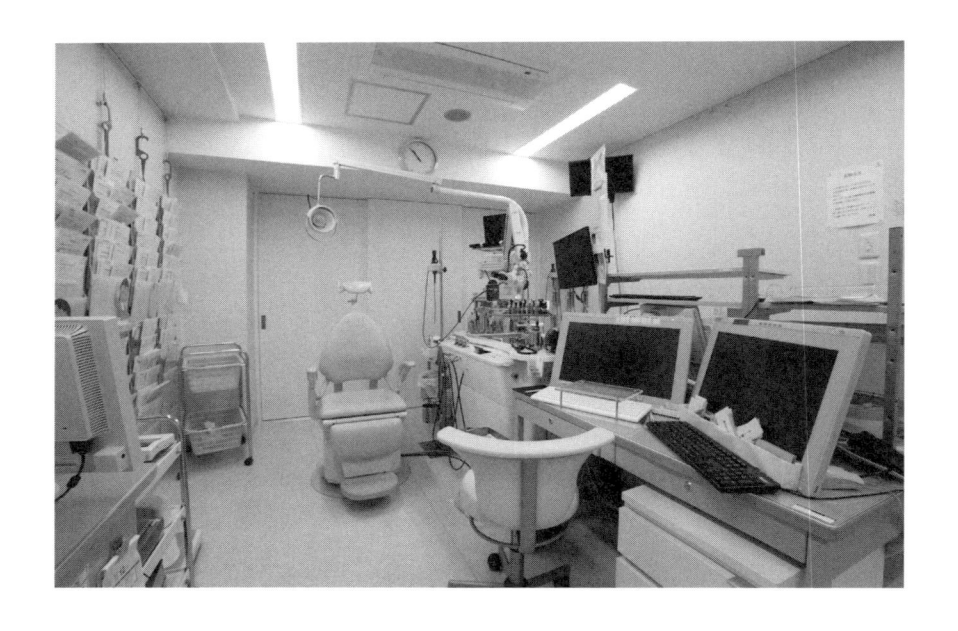

5 人工透析科

(1) 透析ベッド

人工透析科では、まず透析ベッドの数をいくつにするかが重要です。ベッドの数により、透析治療室の大きさ、機械室の大きさ、更衣室の大きさ、待合室の大きさが決まり、その他診察室や受付など必要諸室を加味し、全体の大きさが決まります。

土地を購入する場合やテナントを探す場合は、契約する前に想定するベッド数が入るかどうか確認しないと、事業計画どおりに進まないことになりますので、慎重にしなければなりません。

ベッドの間隔は1m以上、通路幅は1.2m〜1.5m程度確保し、感染予防や緊急時対応などができるレイアウトとしなければなりません。

(2) 手 洗 器

また、院内感染予防のために、手洗い器を清潔動線、不潔動線から検討した適切な個所に設置しなければなりません。

(3) 照明・空調

照明については、穿刺時や処置等の作業時は手元の明るさが必要になりますが、それ以外の治療時は患者さんが落ち着いてリラックスできるような照度とするため、作業用の照明器具とスイッチをベッドごとに設置し、作業が終わった後は、間接照明などの落ち着いた照度の照明に切り替えられるようにするとよいでしょう。

空調については、機器の位置や吹出し口の位置を慎重に検討し、患者さんに直接風が当たらないようにレイアウトしなければなりません。

(4) 電　　気

　各ベッドには、コンソール用電源、テレビ、ベッド、その他コンセ
ントが必要になりますので、ベッド1床につき単独電源ブレーカーを
設置しなければなりません。機械室の電源を含め、大変大きな容量の
電源が必要になりますので、電気の設計については慎重に検討しなけ
ればなりません。

(5) 更　衣　室

　患者更衣室は、可能な限り患者さんごとに専用のロッカーとします
ので、1日当たり何クール実施するかによって必要な数が異なりま
す。例えば、夜間透析を行う3クール制の場合、40床で240人分の
ロッカーが置ける更衣室とします。男女更衣室の間の壁はロッカーで
仕切るようにし、男女比の変化に対応できるようにしておくとよいで
しょう。更衣室内には、座って更衣ができるようにスツールなどが置
けるスペースを確保すると、高齢の患者さんには優しいと思います。

(6) ナースステーション

　ナースステーションは、透析室全体を見渡すことができ、各ベッド
の状態の監視や透析治療前の体重・血圧測定の流れをもスムーズに進
められる位置に配置します。
　ナースステーションに限らず、機械室、準備室、倉庫、リネン庫、
汚物庫などの位置も、技師や看護師の作業の流れを十分検討し、レイ
アウトしなければなりません。

(7) 機械室他

　機械室には、RO水装置など各種機械が入りますので、機械メー

カーと打合わせをし、レイアウトを検討しながら大きさなどを決定します。また、それぞれの機械に大きな電気容量を必要としますので、併せて検討していきます。それ以外に、技師の事務スペース、材料の置き場などをレイアウトします。それらに隣接してダイアライザーなどの倉庫、リネン庫、汚物庫など、作業動線を確認しながら配置します。

　機械室からベッドのコンソールへ透析用配管が必要となりますので、床配管をする場合は、通路部分に段差ができないように、床に配管溝を設けるか二重床にする必要があります。

　内科など他の診療科目と併設する場合は、待合などは別にし、感染対策をしっかり行わなければなりませんので、注意が必要です。

図表 5-8-5

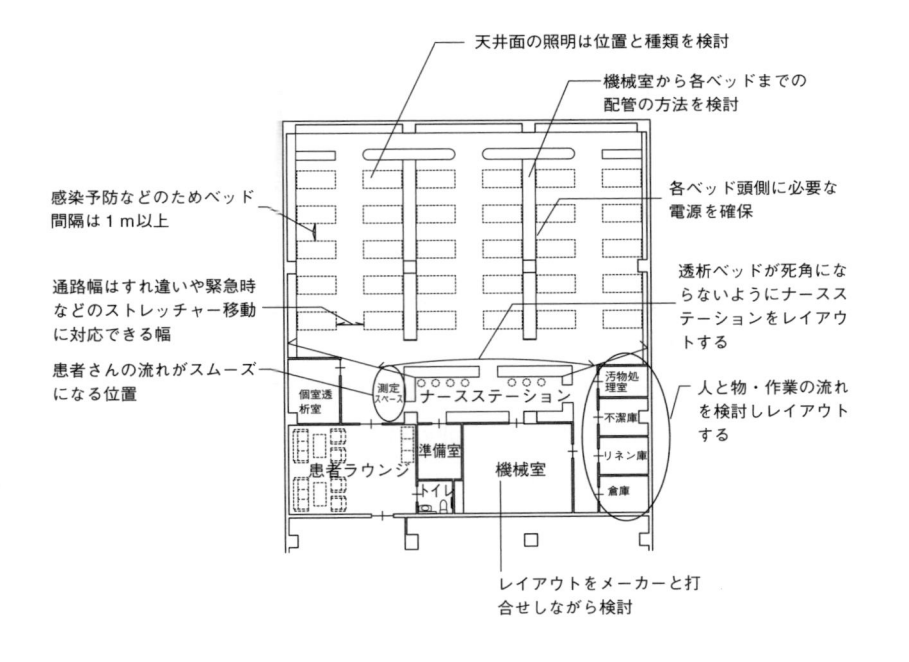

天井面の照明は位置と種類を検討

機械室から各ベッドまでの配管の方法を検討

感染予防などのためベッド間隔は1m以上

各ベッド頭側に必要な電源を確保

通路幅はすれ違いや緊急時などのストレッチャー移動に対応できる幅

透析ベッドが死角にならないようにナースステーションをレイアウトする

患者さんの流れがスムーズになる位置

人と物・作業の流れを検討しレイアウトする

個室透析室 / 測定スペース / ナースステーション / 汚物処理室 / 不潔庫 / リネン庫 / 倉庫

患者ラウンジ / 準備室 / トイレ / 機械室

レイアウトをメーカーと打合せしながら検討

（田邉万人・高橋邦光）

第9節　こんなクリニックはいやだ

1 そもそもの計画に問題があるクリニック

　以前、実際に「建築士が設計したが、このまま、建ててしまって大丈夫か？」という相談があった内科・外科を標ぼうするクリニックの図面をお見せします。診察室、処置室、X線室、物理療法を行うリハビリ室がある、40坪程度の規模です。

　このクリニックでは、カルテは電子カルテにするものの、診察時には受付と紙ファイルのやり取りがあり、薬は院外処方で、X線検査は

図表 5-9-1　動線計画に問題がある設計図の例

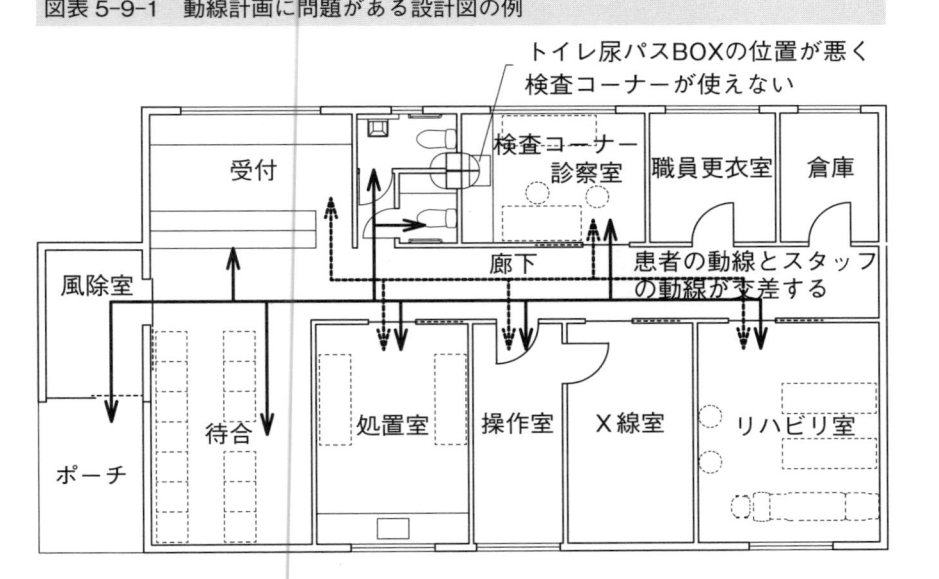

一般撮影のみ、その他に上部内視鏡、心電図、エコー、脈波などの検査を行う予定で、尿検査の頻度も高いとのことでした。

　レイアウトの問題として、第一に、診察の流れを考えた動線計画がされていないため、患者とスタッフの動線が交差しています。スタッフ用の裏動線がないため、診察室に紙ファイルを持って行くには、一旦廊下に出てからいちいち診察室のドアを開けて入らなければなければなりません。また、診察室と処置室が廊下を挟んだ位置にあるため、看護師などスタッフの作業効率がかなり悪くなります。看護師は診察室と処置室などクリニック全体の様子を把握しながら動かなければなりませんが、このプランだとそれができません。

　また、尿検査用にトイレに尿パスボックスを設け、その反対側に検査コーナーを設けていますが、検査コーナーの位置が悪く、ドクターが診察している隣にあるので患者さんから丸見えの場所になっています。これでは診察中は検査ができず、作業効率はかなり悪くなります。

　上部内視鏡検査を行うとのことでしたが、処置室内で行う形になっていて、ファイバースコープの洗浄スペースも計画されていません。

　相談に来たドクターには、これらの問題点を説明し、「一部の修正ではなく根本的に計画をやり直す必要があります。このまま建ててしまったら、とても使いづらいクリニックになってしまいます」と説明しましたが、これまでのしがらみで設計者は変更できないとのことでした。その後どうなったかはわかりません。

　この本を読まれたドクターは、くれぐれもこのようなことにならないようにしてください。

2　レイアウト・内装に問題があるクリニック

(1) メンタルクリニック

　① 　受付から診察室までの距離が長い

② ドクター、スタッフともに診察室から処置室までの距離が長い

③ 診察室①と②から同時に患者さんが出入りする際に鉢合わせし、プライバシーへの配慮に欠ける

④ ドクターが手洗いをする際に洗面まで行く必要がある

⑤ 洗面使用時に患者トイレドアが開くとぶつかる可能性がある

(2) 皮 膚 科

① 物件が狭すぎ裏動線が確保できていない

② 患者動線、ドクター動線、スタッフ動線が交わる

③ 廊下に出ないと診察室①と②の間の行き来ができない

④ 受付⇔診察室⇔処置室へのスタッフの行き来がすべて廊下を介する

⑤ 受付内作業のスペースが狭い

⑥ 排水経路が確保できず、処置室の床が50cm上がっている

⑦ 診察室①②ともに狭い

⑧ 待合席数が少ない

⑨ 受付から待合への視認性が悪く、待合室で何かあったときに対応しにくい

（田邉万人・高橋邦光）

第10節　内装材料の選び方

1　内装材料の持つ重要性

　ドクターの目指すクリニック像によって、内装のイメージは大きく異なってきます。

　例えば、

- ・広く開放感のある雰囲気にしたい
- ・高級感を出したい
- ・女性に支持される雰囲気にしたい
- ・こどもに安心感を与える雰囲気にしたい
- ・できるだけ費用を抑えたい

など様々です。

　内装は単に色や柄だけでなく、内装材料によっては期待できる効果や機能・印象・費用なども大きく変わってきますので、検討しなければならないことが多くあります。

　ここでは、クリニックの内装材料を選ぶ際の注意点をいくつかご紹介します。

2　用途に応じて機能性・デザイン性に優れたものを選ぶ

　患者さんや職員・ドクターなどクリニックを利用する人たちが安心して清潔な空間で気持ち良く過ごせることは、大変重要なことです。そのためには材料の特性をしっかり理解し、適切な材料を適切な場所に採用しなければなりません。

（1）床　　材

　床材については、一般的に、塩ビ系素材でできたタイル状の床材『塩ビタイル』もしくはシート状の床材「長尺塩ビシート」を使用する場合が多いです。

　「塩ビタイル」は加工性が良い、強度があり傷がつきにくい、意匠性に優れているという特徴があり、土足で利用する場所に多く使われる床材です。サイズは 30cm 角と 45cm 角のものがあり、プリント柄も石目調、木目調、鮮やかで大胆な柄や色など多岐にわたります。フローリング調のものでは、本物のフローリングのように 10cm × 1m サイズで、貼り終えた印象もリアルな質感で本物のように見えるものがあります。しかし、時間が経つと継ぎ目が出てきますので注意が必要です。モップで日々水拭きするのではなく、基本的には乾拭きをして定期的にクリーニング業者を入れワックス掛けをするとよいでしょう。新規開業するクリニックではトイレも乾式にする場合がほとんどですので、トイレの床にも使用できます。

　「長尺塩ビシート」は「塩ビタイル」の特徴に加え、2m 程度の幅のロール状のシートで継ぎ目を溶接するので、水がこぼれても特に問題ありません。患者さんが嘔吐してしまった場合にも床下までしみこむ心配がなく、清掃もしやすいので、多く用いられます。また、クリニック用に抗菌仕様、耐薬品仕様や重量物対応仕様の製品などもあります。最近では非常に意匠性の高い商品が普及していますが、塩ビタイルと比較すると柄の選択肢がやや狭まります。

　精神科・心療内科等のように注射等薬品が飛び散るケースが少ない診療科目や、婦人科などのように小さな子供の利用が少なく、嘔吐などの心配がない診療科目の待合などには、床材としてタイルカーペットを使用する場合があります。

　タイルカーペットは 50cm 角で貼っていきますので、汚れた部分のみ取り替えることが可能です。塩ビタイルや長尺シートに比べ吸音性に優れており、落ち着いた空間になるので使用されることが多いです。

トイレについては、不特定多数の方が使用し、汚れやすい場所ですので掃除のしやすさを考え工夫をするとよいでしょう。床材は「長尺塩ビシート」とすることで、前述のとおり多少の水がこぼれても階下への影響がなく、簡単に拭き取ることができます。

　また、壁については一般住宅のように壁面の壁紙を床まで貼るのではなく、床材と同じ材料を床から30cm程度巻き上げることにより、壁と床の隅に汚れがたまりにくくなり、清掃がしやすくなります。また、タイルや床材と同じようなキズや汚れに強い材料を床から1m程度壁に貼ることで、汚れが付きやすい部分をモップや雑巾で清掃できるようになります。最近は水や汚れ・キズに強い木質パネルなどのデザイン性に優れた製品などもありますので、様々な材料を検討するとよいでしょう。

　このように、診療科目、患者層や場所によって床材を使い分ける必要があります。うまく使い分けることによって、手入れがしやすく患者さんにとっても過ごしやすいクリニックにすることができます。

(2) 壁　　材

　壁に使用する材料や色・柄により室内の雰囲気は大きく変わりますので、他のクリニックとの差別化を図るために、壁に使用する材料は慎重に選定しなければなりません。待合や受付などにホテルのロビーなどに使われる木質パネルや大理石などの石材などを使用すると、見栄えは良くなり室内全体の高級感は大きく増します。しかしそれらの材料を使い過ぎると大きくコストアップする原因になってしまいます。そうならないためには、建築士とデザインを詳細に検討し、それらの材料を部分的に採用しアクセントとして使用するなどして、患者さんに印象に残り、コストをあまり掛けずに室内全体の高級感をアップさせるような工夫が必要です。その他、診察室や廊下などの大部分の壁はビニルクロスを貼りますが、賃貸住宅に貼られるような安価な

ビニルクロスは避けたほうが賢明です。少し金額が上がっても耐久性が高く、傷や汚れに強いものを選択したほうが、一般的な使用状況でも壁紙の耐用年数が数年単位で異なります。これらはメーカーによって呼び方は異なりますが、「汚れ防止」「表面強化」「スーパー耐久性」などといった明記がされています。

また、手洗いや流し台を設置する前の壁面には、ビニルクロスではなくメラミン化粧板などの拭き取りが出来る材料を貼っておくと、水撥ねによる劣化が少なく長持ちします。

壁紙の特徴として小さなカットサンプルで見るのと実際にクリニックの大きな壁に貼ってみるのとでは、印象に大きな違いがあります。うすい色や小さな柄が付いていても、実際に貼ってみると白に近く感じることがあり、壁紙を貼り終えてみたらイメージしていたものと違った、ということもあります。また、柄の大きさや幅・光沢の具合・紙の質感・天井の色と壁の色などで部屋の印象が大きく変わることがあります。壁紙を選ぶときには建築士に出来上がりのイメージを相談し、施工例を見せてもらい判断するとよいでしょう。

(3) 天 井 材

天井の材料については、一般的に石膏ボード＋壁紙もしくは塗装、ジプトーン（化粧石膏ボード）もしくはソーラトン（岩綿吸音板）となります。どの仕上げでも問題はありませんが、ソーラトンは吸音効果がありますので、室内で音が反響しがちな小さい部屋をつくる場合などには向いています。また、開業後に医療機器の追加導入をする、監視カメラを設置する等の追加工事が必要になる場合があります。その際、天井に標準で450cm角の点検口と呼ばれる天井裏へアクセスできる箇所を数箇所設置しますが、ジプトーンのようなビスで取り外せる材料にしておくと、配管や配線の追加時に天井を一部解体する等の大掛かりな工事が発生しなくて済みます。

(4) 防音材

　精神科・心療内科などのように患者さんのプライバシーを重視する診療科目や、小スペース開業で待合室と診察室が近い場合には、診察室内の会話が待合室へ漏れるのを軽減するために壁面内に防音材料のロックウールを充填したり、石膏ボードを2重貼りにしたり、遮音シートを貼るなどして防音対策をする場合も多くあります。この場合、ドアについても防音対応のものを使用しなければなりませんので、注意が必要です。また、待合室や処置室入口付近の天井にBGMスピーカーを設置して音楽を流しておくのも、効果的な対策になります。

　このように、内装材はそれぞれの場所に合わせて機能性やデザイン性を考えて選択するとよいでしょう。その上で色や柄を工夫し、照明や窓からの光とのバランスなどを考えていくと素敵なクリニックになるでしょう。

（田邉万人・高橋邦光）

1 電気容量

　電源は、一般のコンセントや照明器具などに用いる、電灯電源（単相100V/200V）と、CT装置やビル用エアコンに用いる動力電源（三相200V）に、大きく分かれます。

　また、電気の引込方法には電柱から建物へ直接引き込む低圧引込み（100V、200V）と、キュービクル（受変電設備）を設置し、自分で電圧を下げる高圧引込み（6,600V）の2種類があります。

　キュービクルを設置するとイニシャルコストやメンテナンスなどのランニングコストがかかりますので、設置しなくても済むのなら設置したくはありませんが、電灯電源、動力電源それぞれの容量が50kW以上となった場合は、キュービクルの設置が必要になります。クリニックの規模が大きい場合や、CT・X線装置など電気容量が大きい複数の機器を導入する場合などは必然的にキュービクルの設置が必要になりますが、それ以外のクリニックの場合は、全体の電気容量について慎重な検討が必要です。特に、X線装置やCT装置などは、選定する機種によって電源種類や電気容量は様々ですので、機種選定の段階から電気容量との兼合いも含めて検討したいところです。

　建物全体の電気容量は、エアコンや照明器具などの他、導入する医療機器によって大きく変化しますので、将来的に設置したい機器を含めて想定し、カタログなどでそれぞれの電気容量・種類を確認し、合計した電気容量に同時使用率を掛けて計算します。その際、どのように医療機器を使い検査を行うか、順序や同時に行う可能性など、建築士に詳細に説明するとよいでしょう。そうして算出された容量が50kWを超えそうな場合は、エアコンの電源種類を変更するなどし

て、可能であれば電灯、動力それぞれが 50kW 未満になるように工夫することで、コストダウンが可能になる場合があります。

　また、X 線装置を設置し、電源を低圧引込みする場合は、事前に電力会社への相談が必要です。

2 コンセント

　全体の電気容量に問題がない場合でも、内部の電気回線の方法に問題があると、診療中にブレーカーが落ちるようなことがあります。また、医療機器を設置する位置よっても各コンセントの容量が大きく変わりますので、注意が必要です。

　特にオートクレーブなどの電源容量の大きな装置や、エコー機器など電流電圧の変化による影響を受けやすい医療機器などは、設計段階で設置する位置を具体的に決めておき、回路を分けておかなければなりません。整形外科のリハビリ室に設置する物理療法機器などは数も多く、中には動力電源の必要な機器もありますので、しっかり検討する必要があります。

　また、複数の部屋で同一の電気回路にすると、他の部屋でどの機器を使用しているかが把握できないので、なるべく主な回路は部屋ごとに分けるようにします。

　受付や診察デスクまわりでは、コンピューター、モニターなどの機器は多くのコンセントを必要としますので、容量と併せて口数の検討も必要です。

　コンセントはアース付とし、設置する高さは一般的に床から 30cm 程度の高さに設置します。コンセントを頻繁に抜き差しする箇所は、職員があまり腰をかがめなくても済むように、床から 50～60cm 程度の高さに設置すると腰に負担がかかりにくいのでよいでしょう。

自家発電設備

　東日本大震災の当時，各地で大規模停電が発生し多くの地域で大混乱になったことは記憶に新しいところです。その後の計画停電などによる影響もあり、自家発電設備を設置し非常用電源の導入を希望するクリニックも多くなりました。

　自家発電設備を設置すると、停電になっても建物全体が通常どおり問題なく使えると思われがちですが、実際は、設備を導入したくらいでは停電時は通常の診療はできないとお考えください。

　自家発電では、照明器具や人工呼吸器、保育器などへの最低限の電源を供給するのが精一杯であり、電圧が安定しない場合がありますので、精密医療機器などは使用できない場合も少なくありません。非常に大きなコストがかかりますので、最低限必要な電気容量と供給対象を検討し、設置位置などを含めて計画するのが一般的です。

　また、そもそも動力がエンジンですので、常に稼働できるように定期的なメンテナンスも必要となるだけでなく、自動車と同様、一定期間ごとに部品交換も必要となり、イニシャルコストに加えてランニングコストもかかってきます。

　導入を検討する際は、それらを踏まえて検討するとよいでしょう。

 太陽光発電設備

　これも東日本大震災以降、地球温暖化や原子力発電所の問題で、再生可能エネルギーとして大変注目されるようになりました。電力会社による電力の買取り制度が開始されたことも、後押ししています。

　太陽光発電設備を設置すると、晴れた日などは自前で電力が賄えますので、電気料金は大きく削減でき、余った分は電力会社が買い取ってくれます。

　自家発電設備の代わりに太陽光発電設備を設ければよいのでは？と考える方もいるかもしれません。ところが、あまり知られていませ

んが、実は太陽光で発電するためには電気が必要になるのです。停電時は、1回路分のコンセントのみは利用できますが、電気が通っていないため、通常、太陽光で確保している電気量すべてを発電することができません。

また、電気を蓄えておくこともできず、発電しない曇りや雨などの日は、電気が使えません。

ですから、太陽光発電設備は自家発電設備の代わりにならない、とご理解ください。

5 LAN配線（コンピューター用配線）

電子カルテやレセプトのオンライン請求に係る業務などを行うため、院内LANは必須の設備です。配管だけを建築工事で行い、配線は電子カルテの業者とする場合もありますが、LAN配線の種類は共通ですので、建築工事内で配線まで行う形が効率的でしょう。

レセプトのオンライン請求を行う場合は、インターネット回線が必要になります。以前は回線種別に制約がありましたが、現在はセキュリティ対策が取られていれば、通常の回線で問題ありませんので、新たに引き込む場合は光回線をお勧めします。

院内配線は、電子カルテ、オーダリングシステム、PACS（画像情報システム）受付予約システム、一般インターネット利用等に使われます。それぞれのシステムで連携が可能かどうかにより配線数や配線方式が異なりますので、各システム業者と設計者で連携してもらうことが重要です。システムや業者が未定の場合、ウイルス対策として、電子カルテ用、PACS用、一般インターネット用の3回線を配線しておくとよいでしょう。コンピューターやソフトの進歩スピードは速く、日々変化していきますので、導入時には再度担当者に確認するようにしてください。

6 照明器具

　照明器具は、部屋の用途に応じた照度計算、機器レイアウトが必要です。

　照度については、診察室、処置室などは500～700lx程度とし、注射・採血などの作業する場所などはもう少し明るくするとよいでしょう。

　照明器具のレイアウトは、患者さんとドクターが座る位置、職員の作業する立ち位置や注射などをする手元などを想定し、診察室など患者さんの顔や作業する手元が影にならないように慎重に決めなければなりません。

　スイッチの位置は、住宅などでは部屋の入口に設けますが、クリニックの場合は、職員などの作業動線上に設けたほうがよいでしょう。また、眼科の診察室など、頻回に照明のオン・オフを行う場所にはフットスイッチを設けたりするなど、操作がしやすい位置に別に設けます。

　その他、エコー検査や内視鏡検査など、照明を暗くして検査を行う部屋などは、調光スイッチを設けます。また、受付まわりですべての照明を点灯させたい場合などは、各部屋のスイッチとは別に、受付にもその部屋のスイッチを入切りできる3路スイッチを設置したりするとよいでしょう。

　点滴などでベッドに横になる時間が長い場所などは、患者さんが長時間まぶしい思いをしないよう、スイッチの区分けや照明器具のレイアウトを工夫するとよいでしょう。

7 院内放送

　待合室などは、BGMが流せるように院内放送設備を設けるとよいでしょう。音楽などを流すことで、待合室に診察室内の声が漏れ聞こえたり診察内で他の職員の声などが聞こえたりするのを防いでプライ

バシーの保護に役立つだけでなく、リラックス効果もあります。

　呼出放送がある場合は、兼用する場合と別に設ける場合があります
が、別々にすると操作方法がシンプルです。兼用する場合は、系統分
けをしたり、呼出時は一時的に BGM が小さくなるか、切れる機種を
選定しなければなりません。

　マイクは操作方法を確認し、操作ミスが起きにくい機種を選定しな
ければなりません。マイクのスイッチが入ったままで診察中の声が待
合室に流れ続けていた、という話はどこかで聞いたことがあると思い
ます。

　スピーカーの位置については、待合室はもちろん、診察室にも設け
ると、患者さんが話しやすくなる場合もあります。トイレにも設置す
ると排せつ音などのカバーにもなりますので、お勧めです。

　部屋につけるスピーカーは、それぞれに音量調節スイッチを設ける
とよいでしょう。

　部屋の大きさや状況によって聞こえ方が異なりますので、注意が必
要です。

8　空調設備（エアコン）

　エアコンの方式は、中央方式と個別方式とに分かれますが、クリ
ニックの場合は個別方式のほうがよいでしょう。

　個別方式は、主に家庭用エアコンと同様のヒートポンプ方式で、電
気式、ガス式のものがあります。ガス式は都市ガス、プロパン両方利
用可能で、一般的にイニシャルコストは電気式のほうが安く、ランニ
ングコストはガス式のほうが安くなります。また、ガス式は停電時に
自家発電として利用できる機種も発売されています。

　また、機種は、一般的な住宅用と同じような室内機と室外機が１機
ずつの１対１タイプと、室外機が１機で複数の室内機を動かすマルチ
タイプがあります。

　どれを選定すればよいかは、条件によって異なります。室外機の置

き場が少ない場合はマルチタイプとしますが、マルチタイプには室内機を個別に運転できないものや、温度調節ができないものがありますので、注意が必要です。マルチタイプを選定する場合には、各部屋で個別運転、個別設定が可能なものとしなければなりません。

　MRI室やCT室など一定以下の温度にしなければいけないものは、冷房・暖房の切替えも個別に設定できる機種を選定しなければなりません。マルチタイプを選定する場合は、必ず確認が必要です。

　また、前にも述べましたが、全体の電気容量バランスによっても選定する機種が異なりますので、よく打合わせを行って決定しなければなりません。

9　換気方式

　換気とは、室内の汚れた空気やにおいを外に排出（排気）し、新鮮な外気を取り入れる（給気）ことを指します。換気の方法は、窓の開閉などにより温度差や風力など自然の力で換気する自然換気と、換気扇やファンを利用して機械の力で換気する機械換気に分けられます。機械換気は、その組合わせにより次の３つの方法に分けられます。

第一種換気：ファンにより給気し、換気扇により排気する方法
第二種換気：ファンにより給気し、排気口から自然に排気する方
第三種換気：給気コから自然に給気し、換気扇により排気する方法

　診察室や待合室などは第一種換気を採用し、空気の流れを考え部屋全体の空気が入れ替わるように給気口や換気扇の位置を決めなければなりません。ここで注意しなければならないことは、患者さんやドクター、スタッフの位置と給気口、換気扇の位置関係です。給気口が患者さんの座る位置の真上にきて、真冬の冷たい外気が患者さんの頭に

直接当たってしまったり、診察室の真上に換気扇があって音がうるさく話し声が聴こえにくくなったりしないように、しっかり計画しなければなりません。また、診察室は給気量を少なくして診察室の空気が待合などに出ていかないようにすると、においや菌の拡散を防ぐことができるのでよいでしょう。

　隔離室など感染対策が必要な部屋は、第三種換気を採用し、換気扇のみ部屋に設置し室内が陰圧（他の部屋より気圧が低い）になるようにして部屋の空気を他の部屋に出さないようにし、菌の拡散を防ぎます。その他、トイレや洗浄室などににおいや湯気などが出る部屋も同様にし、周辺ににおいや湯気が出て行かないようにします。

　手術室の場合は、まわりの汚い空気が室内に入らないようにしなければなりませんので、室内を陽圧（他の部屋より気圧が高い）にし、給気はフィルターを通した空気を取り入れます。排気は、前室との間に差圧式の排気口を設置してそこから前室へ一旦排気し、前室から外部へ排気するようにします。

　第一種換気には、熱交換換気方式があります。これは、排気する温度と湿度を回収して給気に戻す換気方式です。熱の損失が小さくなりますので、気密住宅などでは省エネルギー対策にはなりますが、クリニックの場合、人の出入りが多く外部の空気が多く入ってきてしまうため、あまり有効ではないと思います。

（田邉万人）

院内サイン・看板

 1 院内サイン

室名札などの院内サインはクリニックの雰囲気を左右しますので、昔の小学校や病院のような白い板に黒い文字ではなく、建物や待合室の雰囲気を考慮したデザインを検討すべきです。しかし、イメージだけを優先させ過ぎてわかりにくいサインは失格です。院内サインはどこに何があるかなどをわかりやすくするものなのに、わかりにくいデザインでは本末転倒です。

例えば、近頃はコンビニエンスストアなどにとてもおしゃれなセルフコーヒーマシンが置いてありますが、操作手順やメニューの文字が見にくいためテプラや貼り紙がたくさん貼られていたり、公共施設の案内板が見にくいためそこらじゅうの壁に貼り紙で案内が貼られていたりするのを見たことあると思います。そうならないように注意しなければなりません。

わかりやすい表示となっているかは、作成する前の原稿の段階で実際の大きさでカラー印刷したものを実際にその場に貼って確認することをお勧めします。小さなクリニックなどは室名札がなくてもよい場合もありますが、保健所などの立入検査時には平面図どおりの室名の表示を要求されますので、確認が必要です。その場合は、ドアに貼文字で室名を記入する方法もあります。

2 看　　板

外部に設置する看板は、地域の患者さんや通りかかった人にクリニックを認識してもらうために、とても重要です。院内サインと同様

にクリニックのイメージを左右しますので、建物の外観と併せて検討すると良いでしょう。

　診療科目などのアピールしたい情報は、わかりやすく記載します。この場合も、院内サインと同様、実際の大きさでカラーコピーをし、新築の場合は工事用足場の外側などに貼り付け、道路からの見え方などを検証するとよいでしょう。

　テナントビルの場合は、ビルにより規制があると思いますが、実際に制作する前に現地で確認はするべきです。

　また、夜間の診療時間外でも照明を入れたりライトアップをするなどしたりして、クリニックがあることをアピールすることが大切です。

　看板に表示する内容が広告規制に抵触していないか、医療広告ガイドラインに照らして確認することも重要です。

（田邉万人）

工事見積もり

1　見積書には数量・単価を必ず記載してもらう

　工事見積書は、工事項目ごとに数量、単価、金額で作成されます。大項目、中項目、小項目とに分かれ、順に詳細な記載になります。提出された見積書に小項目がついておらず、数量と単価の記載がなく、一式の金額しか記載されていない場合がありますが、見積もりの内容が把握できませんので、必ず小項目を作成してもらい数量と単価を記載させるようにしましょう。

2　見積書のどこを見ればよいか？

　これら見積書のチェックのしかたは、第2節で取り上げた、設計の依頼をどこにするかによって異なります。

(1) 設計と施工が分かれている場合

　設計と施工が分かれている場合は、建築士が作成した図面を基に建設会社に見積書を作成してもらいます。そして、提出された内容を建築士が項目ごとに細かくチェックし、数量の落としや金額の妥当性などを確認します。複数の建設会社に見積もりを依頼する、「相見積もり」や「競争見積もり」を行うと、まったく同じ図面・条件で各社が見積もりを行いますので、全体の金額の比較だけでなく、項目ごとの単価・金額の比較や数量の確認ができ、しっかりした内容でより安く工事を発注することが可能になります。

(2) 設計と施工が同じ場合

　設計と施工が同じ場合で、複数の建設会社を比較する場合は、それぞれの会社が独自に基本計画図面を作成し見積もりを行いますので、実際にかかる工事金額ではなく、概略工事金額での比較になります。

　また、図面が異なりますので、工事項目や数量が異なり、業者によって見積もりに含む項目と含まない項目が異なる場合もありますので、注意が必要です。コンピューター用のLAN配線や電話配線、カーテンレールやカーテン、BGM設備、室名札などのサイン工事、換気扇、エアコンなどに係る工事が含まれているかなども、併せて比較しなければなりません。

　これらはドクターが一つひとつチェックしなければならず、かなり難しく大変な作業になります。その後、1社と契約を行い、詳細な打合わせを行って図面を作成しますが、図面が完成した後、その図面を基に正式な見積書を作成してもらうようにしたほうがよいです。そこで再度、工事見積書に希望した内容や必要な項目が含まれているかどうかを確認してから、工事をスタートさせるとよいでしょう。

　建築業者を決定する前にドクター側からの要望で設計を変更し、追加工事が発生する場合は、見積書を作成してもらい金額の確認をした後に工事を行うことを確認してください。この際、工事単価は提出見積書の単価を基準とすることとします。また工事上の都合で設計を変更し、追加工事が発生した場合の追加工事金は支払う必要がありませんので、これらについても確認しておくとよいでしょう。

(3) 建築工事見積書の例

　建築工事見積書には、ドクターにとっては聞き慣れない工事名がたくさん登場します。ここでは、見積書をチェックする際の参考にしていただけるよう、それぞれの工事がどんなことを行うものかを紹介します。

A. 共通仮設工事…　　　　　敷地の仮囲い、工事中の水道光熱費、現場事務所費など

B. 建築工事
1. 直接仮設工事…　　　　足場、清掃費など
2. 土工事…　　　　　　　基礎を作る場合などで土を掘る工事
3. 地業工事…　　　　　　杭工事や地盤改良工事などの基礎に関わる工事
4. コンクリート工事…　　基礎や鉄筋コンクリート造の柱・壁などの工事
5. 型枠工事…　　　　　　コンクリートを打つための枠工事
6. 鉄筋工事…　　　　　　基礎や鉄筋コンクリート造の柱・壁などのコンクリートの中に入れる鉄筋
7. 鉄骨工事…　　　　　　鉄骨造などの骨組みの工事
8. 組積工事…　　　　　　コンクリートブロックなどの工事
9. 防水工事…　　　　　　屋上などの防水工事
10. 石・タイル工事…　　　外壁などの石やタイル貼工事
11. 木工事…　　　　　　　木造の場合の骨組み、内部ドア枠、棚板などの造作工事
12. 屋根工事…　　　　　　屋根工事
13. 金属工事…　　　　　　間仕切壁下地や手すりなど金属工事
14. 左官工事…　　　　　　塗り壁やコンクリート床仕上げなどの工事
15. 木製建具工事…　　　　室内ドアなどの木製ドア工事
16. 金属製建具工事…　　　アルミサッシなど金属製窓・ドアの工事
17. ガラス工事…　　　　　アルミサッシなどのガラス工事
18. 塗装工事…　　　　　　ペンキ工事
19. 内装工事…　　　　　　ビニルクロスなどの壁紙や床材などの工事
20. 家具工事…　　　　　　受付カウンターや作業カウンターなどの工事
21. 雑工事…　　　　　　　掲示板など上記に含まれない工事
22. サイン工事…　　　　　室名札などのサイン工事

C. 電気設備工事
1. 電力引込設備工事…　　電柱から電線を敷地内に引込む工事

2. 受変電設備工事… 　　　キュービクルの設置工事
3. 自家発電設備工事… 　　　自家発電工事
4. 幹線設備工事… 　　　　　キュービクルから分電盤までの配線工事
5. 動力設備工事… 　　　　　ビル用エアコンなどの 200V 三相電源工事
6. 電灯コンセント設備工事…コンセント工事
7. 照明器具設備工事… 　　　照明器具工事
8. 弱電配管配線設備工事… 　電話、LAN の配線工事
9. 放送設備工事… 　　　　　院内放送工事
10. インターホン設備工事… 　インターホン工事
11. テレビ共聴設備工事… 　　テレビ配線工事
12. 自動火災設備工事… 　　　消防用の火災報知器の工事
13. ナースコール設備工事… 　ナースコール工事
14. 雑工事

D. 給排水衛生
1. 給水設備工事
2. 給湯設備工事
3. 排水・通気設備工事
4. 衛生器具設備工事… 　　　トイレ便器や洗面器、蛇口などの工事
5. ガス設備工事
6. 消火設備工事… 　　　　　屋内消火栓、スプリンクラーなど消防設備工事

E. 空調換気設備工事
1. 冷暖房設備工事… 　　　　エアコン工事
2. 換気設備工事… 　　　　　換気扇工事

F. 外構工事… 　　　　　　　駐車場や敷地まわりのフェンス、樹木などの工事

G. 解体・撤去工事… 　　　　既存建物やフェンスなどの解体工事

H. 諸経費… 　　　　　　　　建設会社の人件費や経費

見　　積　　書

研鑽会クリニック　殿

下記の通り御見積りいたします。

金　　額　　**¥18,252,000**　　（　税　込　）　　　支 払 条 件 _____

工 事 名　　研鑽会クリニック　内装工事 _____

名　　称	呼称	数量	単　価	金　額	適　用
研鑽会クリニック　内装工事	式	1		16,921,618	
	端数調整			-21,618	
	計			16,900,000	
	消費税	%	8	1,352,000	
				18,252,000	
＊空調工事・給排水区画貫通工事・消毒器具設置は別途となります。					
＊外装看板・サイン工事は別途となります。					
＊備品（図面上点線）は別途となります。					
＊施工中の水道・電気等のご支給をお願いいたします。					
合　　計				18,252,000	

No.1

	名　　称	数　量	呼　称	単　価	金　額	適　用
	研鑽会クリニック　内装工事					
1	仮設工事	1	式		469,645	
2	解体工事	1	式		254,800	
3	軽鉄ボード工事	1	式		1,748,942	
4	造作工事	1	式		2,292,560	
5	木製建具工事	1	式		1,085,070	
6	鋼製建具工事	1	式		946,920	
7	硝子工事	1	式		134,860	
8	内装仕上工事	1	式		1,973,172	
9	X線防護工事	1	式		1,174,016	
10	その他工事	1	式		42,705	
11	電気設備工事	1	式		2,242,388	
12	換気設備工事	1	式		1,252,350	
13	給排水設備工事	1	式		1,487,490	
14	防災設備工事	1	式		466,700	
15	諸経費	1	式		1,350,000	
					16,921,618	

　見積書は、表紙に合計額が記載されていて、2枚目にはその見積書に含まれる各種工事にかかる費用を一覧にしたものが記載されています。そして、3枚目以降に、工事ごとに分けて数量や単価を記載した内容が示されています。

名　称		数量	呼称	単価	金額	適用
1	仮設工事					
	水盛り及び墨だし	129.7	㎡	400	51,880	
	足場損料	129.7	㎡	400	51,880	
	片付け清掃	129.7	㎡	400	51,880	
	養生費	129.7	㎡	400	51,880	
	仮設資材搬入費	1.0	車	50,000	50,000	
	残材処理費	1.0	車	50,000	50,000	
	クリーニング	129.7	㎡	1,250	162,125	
	小　計				469,645	

名　称		数量	呼称	単価	金額	適用
2	解体工事					
	既存ジプトーン解体撤去(43.4㎡)及び既存照明器具周り	2.0	人工	32,500	65,000	
	既存SD撤去	1.0	ヶ所	6,500	6,500	
	既存ミニキッチン撤去	1.0	ヶ所	13,000	13,000	
	＊但し、撤去に伴う給排水・電気工事は別途。					
	廃材搬出作業人工費	2.0	人工	23,400	46,800	
	廃材処分費(収集運搬費含む)	1.0	車	71,500	71,500	
	解体及び搬出養生費	1.0	式	32,500	32,500	
	エンジンドア部 レールはつり及び補修	1.0	式	19,500	19,500	
	小　計				254,800	

⋮

名　称		数量	呼称	単価	金額	適用
15	諸経費					
	現場管理費	1	式	600,000	600,000	
	会社経費	1	式	750,000	750,000	
	小　計				1,350,000	

（田邉万人）

工事検査

 1 建物の欠陥は検査で防ぐ

　これまで、建物の欠陥に関するいろいろな事件が起きてきました。近頃は「欠陥住宅をつかまないために」「欠陥マンションを買わないために」などをテーマにした記事が雑誌に載ったり本が出版されたりしています。

　建物に欠陥や手抜きが起きる要因は様々あると思いますが、その一つは、建設業界の多重構造にあると思います。建築工事は、建設会社が元請会社として工事全体を受注し、各種工事ごとに多数の下請け業者に発注し、実際に工事をする職人はその下請け業者から発注を受けた孫請け業者の人間だったりします。

　多くの人間が工事に関わり、工事の指示も複数の人間を介して行われますので、当初指示したことが実際に工事をする職人には伝わっていない場合があったり、知識や技能のない職人や倫理観の低い人間がいいかげんな工事をしていまい、建設会社の現場監督がそれに気づかないまま工事が完成してしまうというかたちで問題は起こります。また、しっかり打合わせを行い、ちゃんと工事をしたつもりであっても、人間は必ずミスを起こします。

　医療現場でも多くのスタッフが働くので、医療事故を起こさないために、ダブルチェック、トリプルチェックなどのチェック体制の強化や委員会や勉強会などの機会を設けて、スタッフの安全意識や専門知識を高める努力をしていると思います。建設会社もそれらの努力はしていますが、問題は次々に起こっているのが現状です。では、実際に欠陥建物にならないためにはどうすればよいのでしょうか。

　最も大切なことは、検査をしっかりすることです。例えば、杭工事

を行う場合は、最初の1本目の杭工事の時に、地盤、地層、土の現物サンプルやデータが地盤調査時のものと同じかどうかの確認を行い、補正が必要かどうかを検討、確認します。その後、現地およびデータなどで適宜確認し、杭工事が終了した後、杭の位置のずれ、データの確認をし、補正が必要か検討します。その他、基礎や柱などのコンクリート打設前に鉄筋が適切に設置されているか、コンクリートを流し込む中のコンクリートの水分量など材質が設計どおりになっているか、打設方法が適切にされているかなどを確認します。また、給排水管やエアコン、換気扇などのダクト配管が適切に設置できるように、前もってコンクリートに穴を開けておくための補強工事がされているかもコンクリートを流し込む前に確認します。

2 内装工事に取り掛かる前の検査時のポイント

　コンクリート等の構造体が出来上がった後、内装工事に入る前や、テナント開業で内装工事を始める前には、実寸大の設計図を現場の床に書く「墨出し作業」を行い、実際の受付、診察室などの間仕切壁、ドアの位置、衛生設備の位置などを現地で確認します。

　テナント開業の場合は、築年数の古い物件などで既存の図面と実際の建物が数cmから数十cmずれていることがあり、特に部屋の中に柱が多くある物件では大きな調整が必要になることがありますので、大変重要な作業です。それを基に建築士が、どこを調整すれば全体的な影響が少なくなるかを考慮し調整していきます。

　この「墨出し作業」の段階でドクターが現場を直接確認することは大変重要です。鉄筋やコンクリートの状態は専門的な知識が必要ですので、ドクターが見てもあまりよくわからないと思いますが、実際の広さや間取りを現地で確認することは、設計段階でイメージしていたものとの違いを感じたり、「この部分はこうしたほうが良いかな」などと変更を検討することもできます。そのようにして、実際に現場に立って感じたことや既存図面とのずれなどを含め、設計者と打合わせ

をし、最終調整することで、より良いものとなっていきます。

その後、壁や天井で塞がれてしまい後から確認できなくなる箇所は、工事前に壁の下地、換気ダクト、配線やコンセントなどがしっかり固定されているか、排水管は適切な勾配がついて配管されているかなどを検査します。出来上がった後では直せない部分や見られなくなる部分の検査が、大変重要です。

ドクターがこれらすべての検査をすることは、時間的にも知識的にも無理があり、行う必要はないと思います。しかし、このような検査が必要であるということは知っておくとよいでしょう。

通常は設計をした建築士が設計監理者としてこれらを行いますが、設計監理者がしっかりこれらを行っているかを、ドクターが確認することが必要です。

設計と施工が同じ場合も、同一会社の社員である設計監理者が行いますが、現場監督が設計監理者の上司で検査に問題があっても指摘できない、といった問題がないかも併せて確認する必要があります。検査で指摘した項目を直すのに大きな金額がかかる場合等は会社の利益を減らすことになり、同じ会社の社員である設計監理者は言い出しにくい場合もありますので、注意が必要です。また、ドクターが時間の許す限り現場に顔を出し、確認を行うと、実際の部屋の大きさや動線など感覚がわかるようになりますし、工事現場で働く職人達も緊張感を持って工事をしてくれると思います。もし、ドクターが頻繁に現場に来るのを嫌がる現場監督だった場合は、手抜き工事や問題のある工事をしている可能性がありますので、注意が必要です。

3 工事完成後の検査時のポイント

建物や内装工事が完成したら、引渡し前に、消防検査や建築確認申請に対する完了検査など、法的に問題がないかの検査を受け、その後、建設会社や協力会社による検査や、設計を行った建築士による設計事務所検査を行い、ドアやサッシ等、建具の建付、壁のビニルクロ

スや塗装など、仕上材の仕上がり具合、流し台やトイレなど給排水設備や電気設備機器などの動作確認を行います。ここで指摘事項がある場合には、ドクターへの引渡し検査までに是正工事を行います。

是正工事が終了した後、引渡し前にドクターおよびクリニック関係者による検査を行います。表面的なキズや汚れは、引渡し後の建設会社によるアフターサービスの対象外になりますので、この検査が最終段階になります。実際に使い始めると、キズや汚れなどはすぐについてしまいますので、あまり神経質になる必要はありませんが、気になる点は遠慮なく指摘してもよいでしょう。

また、実際にドアや家具、照明、設備器具などの動作確認をして、気になる点や調整してほしい箇所などは依頼するとよいでしょう。ドアの開閉が少し重く感じるなどの場合は、調整ができることもありますので、遠慮なく依頼しても構いません。

さらに、検査と同時に各種電気機器や設備機器の取扱説明を受ける場合があります。この説明は、なるべく多くのスタッフが受けられるようにしたほうがよいので、検査は多くのスタッフが集まる日に設定してもらうとよいでしょう。機器が多い場合等は、数回に分けて説明してもらうことも検討するとよいでしょう。

4　使用開始後に不具合が見つかったら

実際に使い始めてから出てくる不具合もありますので、建設会社にアフターサービスの期間や内容を確認しておく必要があります。一般的には1年もしくは2年ですが、新築の場合の雨漏りや構造体の問題などは、10年間のアフターサービスが法律で義務付けられています。キズ・汚れ以外の機能・性能面に関する不具合は、建設会社のアフターサービスにて対応してもらえます。特にドアなどは開業後数カ月で少しガタつきが出たりすることがありますので、不具合が出たら修理してもらいましょう。また、温度差や湿度の変化によりドアが反ったり、壁紙が剥がれたりするケースもありますので、それらに対する

対応も確認しておくとよいです。しかし故意や事故等での故障、破損については対象外になりますので、火災、地震保険や損害保険等に加入するようにしてください。

5　検査は誰に頼むのがよいか

　最近、住宅では設計者でも施行者でもない建築士などが第三者的立場で検査をするインスペクター制度もありますので、クリニックの場合でも利用を検討してみるのもよいかもしれません。

（田邉万人・高橋邦光）

第6章 医療機器・備品類の選定・購入

（福和会グループ東中野ステーションクリニック様）

第1節　**新品にするか？　中古にするか？**

1 基本的考え方

　第3章でも触れたとおり、医療機器への初期投資は開業時の大きな負担となります。とはいえ、診療科目によっては診断機器、治療機器への投資はその科目で開業する上での生命線である場合もあり、ある程度の投資は避けて通れない場合もあります。

　かと言って、投資できる金額には限りがありますので、最終的にはその中での「お金」という経営資源の配分を考える、ということになります。

　その上で、以下のような視点で機器を分類してどこに投資するかを判断する方法を提案します。

（1）自院の目玉となる機器か？　おまけ的機器か？

　例えば、消化器内科のクリニックにおける消化器内視鏡等、開業後の自院の目玉となる機能を担う機器については、最新型、高機能のものを導入して他院との差別化を図り、近隣医療機関からの紹介患者を集める、といった戦略もあり得ます。

　逆に、家庭医的な機能を目指すクリニックでありながら、たまたま院長が外科出身であるために、もしもの時のために用意しておきたい小外科手術器具等、それ自体に戦略的重要性はあまりないものについてはできるだけお金をかけない、といったように、メリハリを効かせた判断もあり得るでしょう。

(2) それ自体で「稼げる」機器か？　「稼げない」機器か？

　CT や MRI のように、使う都度に診療報酬の点数がつき、かつ機種（グレード）によって点数に差がある等、クリニックの収入に直結する機器があります。これらの機器に対する投資は、1 例いくらという収入から、何例使えば投資額を回収できるかを、容易に計算することができます。

　例えば、リースにより CT を導入する場合、次の計算式で損益分岐点を明確にすることが可能です。

　（月額リース料＋保守管理料）÷（1 例当たりの撮影料＋画像診断料等診療報酬）＝ CT が赤字の原因とならない月間撮影回数

　逆に、画像サーバーやビューアー画面、電子カルテ等、診断精度や運営効率に直結するものの、それ自体では点数を生まないものについては、それ自体の損益分岐点を計算することは困難であり、どこまで費用をかけてよいものかの判断は難しいところです。

2　「割り切ること」もまた戦略

　地域包括ケアに向けて医療制度の改定が進む中、外来での総合診療、家庭医的診療機能に加え、訪問診療を想定するクリニックを開業するケースが増えています。その場合、自院を高額機器で「重武装」するよりは、機器類は最低限に絞って開業し、その分フットワークを良くする、という選択をすることもあり得ます。

　つまり、前述の「目玉」でない医療機器については中古機器で信頼できるものがあればそれで良しとして開業時初期費用の低減を図る、また近隣に連携先を確保して必要な時はそちらを紹介して検査を受けてもらう、といった対応を前提に、自院にはレントゲン装置すら置かない、という選択肢もあり得ます。

3 医療法、医薬品医療機器法との関係

医療法（同施行規則）上、クリニックの管理者には医療安全に関する種々の義務が課せられています。その中で医療機器の安全管理に関しては、以下の義務が課せられています。

① 医療機器の安全使用のための責任者の配置
② 従業者に対する医療機器の安全使用のための研修の実施
③ 医療機器の保守点検に関する計画の策定および保守点検の適切な実施
④ 医療機器の安全使用のために必要となる情報の収集その他の医療機器の安全使用を目的とした改善のための方策の実施

　大病院のように専任の ME 等を配置することができない小規模クリニックであっても、法律上課せられる義務は基本的に同一です。万一の際に管理責任を問われないための企業防衛的な意味も含め、医療機器メーカーに研修ツールの提供や講師派遣等の協力を求め、責務を果たしておくことをお勧めします。

　また、医薬品医療機器法（旧薬事法）では、万一の機器故障による健康被害発生時の責任を明確化する上で、医療機器の移動や設置につき製造者（メーカー）の承認を要するものもあります。加えて、医療機器の販売や保守管理等には医薬品医療機器法に基づく免許を要するものもあり、中古機器を取り扱うディーラー等と取引する際は、免許を有しているかを確認してから取引に入ることも重要です。無免許のところを経由した機器は、その後のメーカー補償が免責されてしまう場合がありますので、ご注意ください。

（岸部宏一）

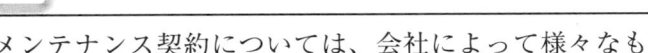

第2節　メンテナンス契約

1　メンテナンス契約の必要性

　第1節で触れた医療法上の医療機器安全管理義務を果たす上で、複雑な医療機器を自院で保守管理することは、現実的ではありません。実際には勿論、医療機器製造者（メーカー）に保守管理を依頼することが通常でしょう。

　また、法律上の義務を別にしても、万一の機器の不具合による患者さんへの被害が発生した場合、必要なメンテナンスをしていたか否かは、診療所の管理者に要求される注意義務を果たしていたか否かの判断に直結し、損害賠償算定にも大きく関わってきます。

　聴診器や血圧計のような単純なものは別として、自院でメンテナンスを行うことが不可能なものについては、何らかのメンテナンス契約を締結して安全体制を整備しておくことは必須と考えられます。

2　メンテナンス契約に含まれるもの

　メンテナンス契約については、会社によって様々なものが存在するばかりか、同じ会社であっても複数の契約形態を用意している場合もあります。

　例えば、あるメーカーのCT撮影装置の補修管理契約には次のような種別が存在します。

① 管球交換が必要な場合の管球等、消耗品代金のすべてまで含まれる契約

② 消耗品はクリニック負担とし、定期点検等の「手間賃」的な部分のみが対象となる契約

③　自社または形列会社のリースを使うことを条件とし、リース契
　　約に保守管理まで含まれてしまう契約

　勿論、その保守管理契約自体に要する費用は①＞②＞③の順番とな
りますが、①と②の比較については、管球交換が必要となる頻度は
「壊れてみないとわからない」のが実情であり、費用対効果は後に
なってみないとわからないことになります。

　また、③については単純なリース契約との比較をしてみない限り、
保守管理にいくらかかっているのかわからない場合が多く、ある意味
「ブラックボックス」となってしまう可能性があります。

3 保守管理費用を抑える裏ワザ？

　前述のように、保守管理契約については製造者（メーカー）に依頼
するのが一般的ですが、メーカー相互での価格競争が強く、機器の販
売で利益を上げられないメーカーにとっては、保守管理契約で利益を
確保する、という側面もあるようです。

　しかし、あまり知られていませんが、その機器の製造者でなくても
保守管理の委託が可能な場合があります。

　例えば、同じ種類の機器を作っているメーカー（含む競合メーカー）
や医療機器ディーラー、中古機器ディーラー等で医療機器医薬品法上
の医療機器製造販売業の許可を受けている会社であれば、同様のサー
ビスを依頼できる場合があります。ただし、機器の種別・グレードや
その会社が受けている許可により依頼できる範囲や品質が異なる場合
もありますので、依頼する前に一つひとつよく検討することが重要で
す。

（岸部宏一）

第3節　事務系機器類

1 基本的考え方

　開業時の初期費用を考える上で忘れられがちなのが、事務系の機器備品類です。

　また、医療機器に比べてドクターの知識があまりないため、気づけば多額の投資をする羽目になっていた、という事例が少なくありません。

　事務機器自体は収益を生むことはありませんので、投入費用は少ないに越したことはありませんが、機器によっては事務部門を省力化することにより人件費の削減やマンパワーを患者サービスに投入できる等のメリットを享受できるものもありますので、単に価格だけで考えるべきでもないでしょう。

2 事務系機器の種類と契約の仕方

（1）電子カルテ

　現在では新たに開業するドクターが紙カルテを使うことは少なくなっており、何らかの電子カルテシステムを使うことが一般的になっています。

　近年ではその種別もたくさんありますが、クリニック向けの電子カルテには以下のようなものがあります。

・レセコンから派生したもの

　紙カルテ時代にレセプトだけコンピューター化した「レセコン（レセプトコンピューター）」をベースとして、カルテ機能を付加したもの。初期のクリニック用汎用電子カルテはほとんどがここから始まっており、今でも中心的存在となっています。レセコン時代から続く充実したサポート体制が期待できますが、その分だけ高価になる傾向があります。

・臨床検査センター連動型

　臨床検査会社が独自で開発し、検査データをオンラインで電子カルテに自動的に取り込む機能を持っており（昔は紙カルテに検査伝票を糊づけしたものでしたね…）、一般的には臨床検査とセットで契約すると割安な条件を提示される傾向があります。

　近年ではこの臨床検査データ連動機能は他の電子カルテでも標準的になってきましたが、統一した規格での通信ではなく、個々に接続できるものとできないものがあるので、個別に契約する場合は「○○社の臨床検査センター」のデータを「××社の電子カルテ」に接続することができるか？につき、両社に確認することをお勧めします。

・クラウド型

　電子カルテのデータ自体は、院内にサーバーを置きそこで保管するのが一般的ですが、万一の際のバックアップ機能や、訪問診療の際に外出先での閲覧や入力を可能とする目的で、電子カルテベンダーが持つ巨大なサーバー内の専用スペースにデータを保管するものです。ただし、カルテの保管義務はあくまでクリニックの管理者に課せられるものであり、サーバー利用という形で外部委託していたことを理由に免責されることはありません。選定の段階では、費用、機能、使いや

すさに加えてデータのセキュリティ担保と、厚労省が提示している「医療情報システムの安全管理に関するガイドライン」に準拠しているかにつき確認することが重要です。

・ソフトだけを販売しているもの

開業しているドクター個人等が独自に手作りで開発した電子カルテを、ソフト部分だけで販売しているもので、開発者がドクター自身であり、インターフェースがドクターの視点で作られている、とされています。購入したドクターがハード購入含めて自分でカスタマイズした上で使うことが半ば前提になっており、サポート体制もなく、WEB上でドクター同士で連絡を取り合って問題を解決するシステムであることが多く、パソコンを趣味とするドクター以外にはお勧めできません。

ただし、近年ではここから始まった電子カルテをサポート付きで販売するベンダーがあり、業界の一角を占めています。

・専用型システム

大手企業が入り、最初から自院専用に開発するシステムですが、大手医療法人のサテライト等を除き、無床のクリニックで使われることはあまりありません。

(2) 電話機

大きく分けて、一つの電話番号に電話機を接続する家庭用電話機と、院内に主装置と呼ばれる箱を設置し、複数の電話番号を複数の電話機で同時に使用できるビジネスホンの2種類があります。

勿論、予算が潤沢であればビジネスホンを導入するほうが便利ではありますが、家電量販店で端末だけを購入できる家庭用電話機とに比

べ、主装置から院内の配線までをセットにしたビジネスホンにかかる費用は、数倍になります。

　現在は、家庭用でも電話とFAXを切り替えたり、回線の契約で複数の番号を持ったりする等の機能が充実していますので、ドクターを含めて職員数が4〜6名程度のクリニックであれば、家庭用の電話機に子機やFAXを増設し、複数の番号を持つ等で十分対応できる場合がありますので、工夫してみる余地があるでしょう。

　また、電話回線や電話機については、「NTTの代理店」を名乗る業者からの電話営業で不必要にハイスペックなもののリース契約を組まされたり、極端な場合は完全な詐欺であったり、被害が最も多い分野ですのでご注意ください。

(3) コピー機・複合機

　事務機器の中で最も費用がかかるのが複合機であり、企業用の高機能のものでは本体だけで数百万円単位に上ります。しかし、これも電話機と同様に、家庭用のコピー機能を持つプリンター等で、速度は遅いものの同様の機能が付いているもので代用可能な場合があります。また、オフィス用複合機でも、速度が遅い型落ち品であれば、機能が同様で価格は数十万円単位となったりするので、その中古をもっと安く買ってきて使いつぶす、といった方法で節約することも可能です。

　また、意外にコストがかかるのが、インク、トナー、コピー用紙等の消耗品です。消耗品がどの程度必要でいくらくらいかかるか、オフィス用複合機であれば消耗品込みのリースの見積もりを取る等、全体でどの程度のコストが発生するか、という視点で検討することが重要です。

　あくまで自院で実際に必要とする機能や速度を考え、オフィス用にこだわることなく、必要な範囲で割り切って揃えることをお勧めします。

(4) レジスター

　これも、2〜3万円で買えるものから、100万円単位のものを月額数万円でリースで導入するものまで、いろいろです。平成18年以降は「医療費の内容の分かる領収証の交付」がすべての保険医療機関の義務^(注)とされていることから、保険診療に関する領収書は電子カルテから処方箋等と同様に出力されるのが一般です。自費部分も対応可能な電子カルテを使う、または手書き領収書を用意する等が可能であれば、レジスターとしては領収書発行機能すら不要であり、単に会計窓口での現金の出納を記録できる機能があれば十分でしょう。

　実務上は、単に金銭出納を記録しただけのレジペーパーを使って日々のレジ現金が合わない場合の確認をしたり、交換の都度日付を明記して保管し、後日の税務調査に備えたりする等、運用をキッチリすることのほうがレジスターのグレードより大切かもしれません。

　(注) 医療費の内容の分かる領収証の交付について（平成18年3月6日保発第0306005号）／医療費の内容の分かる領収証及び個別の診療報酬の算定項目の分かる明細書の交付について（平成22年3月5日（保発0305第2号）

(5) タイムレコーダー

　開業後最も多いトラブルは、院内の人事労務問題である、といっても過言ではありません。その意味で、タイムレコーダーは給与計算等のトラブルを予防する上で有効なツールであり、それほど高い機器でもありませんので、残業時間計算機能等の付いた、ある程度のグレードのものを選んでも損になることはないかもしれません。ただし、残業時間の計算の端数処理や給与の〆日等について社労士と相談の上で取り決めて、職員に周知徹底した雇用条件と完全に揃えて設定し、他人の目が届く不正の起きにくい場所に設置し、日々の打刻のタイミングや昼休みの取扱い等を明確に定めた上で運用することが肝要です。

（岸部宏一）

第7章　開院前後の
　　　　諸問題

（医療法人社団 佐々木クリニック様）

 **第1節** 　**開設にかかる手続きと法制度**

1　基本的考え方

　我が国の医療制度は、ドクター個人であればいつでもどこでも、自由にクリニックを開設することができることが前提となっており、これを自由開業医制と呼びます。このことは、明治時代の「医制」による医師免許が、医療行為をすること自体への免許ではなく医師として開業することの免許であったことに端を発していると考えられます。

　ただし、医師個人以外（医療法人等）がクリニックを開設する場合や、病床を設けようとする場合等については、事前に都道府県知事の許可を要する場合があります。

　診療科目についても、医師でさえあれば麻酔科を除いて^(注1)標榜することに特に制限はなく、極端な話が、産婦人科しか経験のないドクターが耳鼻科で開業することさえも、法律上の問題はありません。また、過去にドクター1人当たりの診療科目を原則2科目までにする等、標榜科目の数に制限を加える方向での法改正が審議されたこともありますが、結局法律としては立消えとなり、特に科目数にも制限はありません。

（注1）麻酔科のみ厚生労働大臣から「麻酔科標榜許可」を受けたドクターが
　　　　看板等に医師個人名を明示した上で標榜可能。

2　「診療所」として（医療法）

　本書の性格上、ここでは特に断りがない限り、ドクター個人による開設を前提に解説するものとします。

　医療法上は「臨床研修等修了医師^(注2)、臨床研修等修了歯科医師又

は助産師が診療所又は助産所を開設したときは、開設後十日以内に、診療所又は助産所の所在地の都道府県知事[注3]に届け出なければならない」（医療法第8条）と定めており、ここだけ見ると、開業後に届出するのみで診療が可能となります。

　しかしこれは、あくまで医療法上の「診療所」としてクリニックを開設したのみであり、そこが医療機関である以上「診療行為」は可能ですが、その行為に対しての「保険請求」ができるか否かについてはまったく別の問題であることにご注意ください。

　ここでいう「開設者」はクリニックを開設して全責任を負うドクター自身を指し、「管理者」とはクリニックの業務を行う責任者としてのドクターを指すものであり、一応は別の概念ですが、ドクター個人が開設者である場合は、特に許可を受けた場合を除き、自分が管理者にならなければならないものとされています（医療法第12条第1項）。

（注2）平成16年4月1日以前に医師免許を取得し、医籍登録したドクターは臨床研修を修了した者とみなされる。

（注3）実際の届出先は都道府県知事から権限委任を受けた市区町村長または保健所長。

3　「保険医療機関」として（健康保険法、療養担当規則）

　前記の「診療所」として保健所に医療法上の開設届を提出した後、改めて所轄の地方厚生局長（または地方厚生局都道府県事務所）に対し、健康保険法、国民健康保険法に基づく「保険医療機関」としての指定を申請し、指定を受けることにより診療行為については保険請求の対象となります。

　その際は、純粋に「医師としての診療行為」と「保険医としての保険診療」を区別して考え、保険診療として請求する場合には、医学的知見は当然ながら、保険診療の基本的ルールである療養担当規則[注4]の範囲で診療、請求を行うこととなります。

実務的には、次のような流れをとることが一般的です。

---

① クリニックとしての形が出来上がったところで診療所開設届出（医療法、保健所）
　　ここでの「開設日」以降、検診、予防接種、自費診療等の医療行為は可能
② 各月10〜14日頃、各厚生局都道府県事務所が定める締切日までに保険医療機関指定申請
③ 各月25日前後の都道府県医療審議会への諮問、答申
④ 翌月1日付けで保険医療機関指定（この日から保険診療開始）
⑤ 指定日の翌日以降に「保険医療機関指定通知書」がクリニックに到着し、付与された医療機関コードが判明、電子カルテに設定

　また、保険医療機関としての指定後の診療報酬のオンライン請求に向けて、クリニックから各都道府県の国民健康保険連合会（通称：国保連）と診療報酬支払基金に対して、オンライン請求の確認試験を行うのが一般であり、その時期は都道府県により取扱いが異なりますが、上記②〜⑤の間のいずれかに行います。

　保険医療機関として指定を受けた後、通常は約1年以内[注5]に、新たに保険指定を受けたクリニックの管理者が各厚生局都道府県事務所に集められ、「新規指定時講習」として、保険診療のルールにつき説明を受けることになります。これは、健康保険法に基づく「集団指導」であり、新規指定時については診療を休診にしてでも参加することが義務付けられており、参加しない場合は次回の講習に必ず参加することを求められます。この場では、療養担当規則に規定されている保険診療の基本的ルールが丁寧に説明され、その後の届出によって算定可能な診療報酬（基本診療料、特掲診療料）等についても解説され、各種届出様式も配布されます。

なお、健康保険以外に存在する各種公費負担医療制度については、本章第4節で後述します。

(注4) 保険医療機関及び保険医療養担当規則（昭和32年4月30日厚生省令
　　　第15号）。

(注5) 東京都等、指定の直前の場合もある。

（岸部宏一）

 1　法律上の根拠

　無床のクリニックを含む医療法上の医療機関には、都道府県知事、保健所を持つ市区の長の監督権（医療法第24条）、立入権（医療法第25条）が及ぶこととなります。また、それらの知事または市区長は立入検査を行う職員として、「医療監視員(注1)」を指名しており、実際のクリニックへの立入りは、この医療監視員を中心とする保健所職員が行うこととなります。

　保健所によっては、診療所開設届出以前に立入検査（通称：実査。以下本節中「実査」といいます）を行う等の運用をしているところもあります。その場合は強制力の伴わない「行政指導」となりますが、その後に診療所として開設・届出して以降は保健所の同じ部署による監督権が及ぶこととなるので、実務上はあまり差異がないとも考えられます。

　実際には、開設届出時または事前相談時に実査の日程を調整した上で（自治体によっては事前に文書通知）担当者が1～2名で来院し、約30分程度で院内を回り、指摘事項を口頭で伝えることで終了するのが通例です。ただし、指摘事項が多岐にわたる場合は後日文書で指導項目が手渡され、改善報告を求められる場合もあります。

　また、この時の状況や指摘事項は保健所が保管する医療機関ごとの台帳に記録され、クリニックを廃止するまでずっと同じ台帳で継続的に指導を受けることになります。

（注1）医療法第25条に基づく医療機関への立入検査等の職権を行う者で、厚生労働大臣または保健所を設置する地方自治体の長による医療法第26条に基づく指名を受けた公務員のこと。「医療に関する法規および医療機関の管

理について相当の知識を有する者」が指名の要件とされる（医療規第41条）。

 ## 2 保健所の権限

前述の医療監視員は、医療施設の人員、清潔保持の状況、構造設備、診療録、帳簿書類その他の物件を検査し、その施設が清潔を欠くとき、構造設備等が厚生労働省令に違反、もしくは衛生上有害もしくは保安上危険と認めるときは、その全部もしくは一部の使用を制限もしくは禁止、または期限を定めて、修繕もしくは改築を命ずる権限を持っています。

ただし、入院設備を持たないクリニック（無床診療所）に関する医療法および同施行規則にはあまり細かな定めはなく[注2]、実際は各自治体が定める立入検査要綱等による行政指導の側面が強い場合が少なくありません。

図表7-2-1　無床診療所構造設備基準（医療規第16条、同第30条の4）

電気、光線、熱、蒸気、ガス	危険防止対策を講じること
調剤所	・採光および換気を十分にし、かつ、清潔を保つ ・冷暗所を設ける（支障なければ冷蔵庫等でも可） ・感量10mgの天秤および500mgの上皿天秤その他調剤に必要な器具を備えること
防火設備	・火気を使用する場合には、防火上必要な設備を設けること
消火設備	・消火用の機械または器具を備えること
X線診療室等	・天井、床および周囲の壁の外側における実効線量が、1週間につき1ミリシーベルト以下になるように遮蔽すること（外側が人の立ち入らない空間である場合を除く） ・エックス線診療室の室内にエックス線装置操作盤を設けないこと（遮蔽物を設けたとき、近接透視撮影を行うとき、乳房撮影を行う等の場合必要な防護物を設けたときを除く） ・エックス線診療室である旨を示す標識を付すること

（注2）医療法上は「清潔を保持するものとし、その構造設備は、衛生上、防火上及び保安上安全と認められるようなものでなければならない」（医療法第19条）と定めるのみ。

　また、保健所の監督権はクリニックの物理的構造のみでなく、医療法その他関連法規で定める運営体制全般に及び、内容としてはカルテの記載や保管、廃棄物処理体制、資格者の免許証確認の記録、医療安全体制等、多岐にわたります。

　有床診療所または病院では、保健所が医療法に基づく立入検査（通称：医療監視）として地方厚生局都道府県事務所と合同で毎年1回行われるのが通例であり、その場合は人員基準等、健康保険法に基づく診療報酬算定要件に関する事項も同時に確認されます。

　無床のクリニックの場合は、保健所単独で開設時に1回、その後各地方自治体の要綱に基づき5〜6年おき、または数十年間入らないこともあり^{（注3）}、確認する事項も地方厚生局が所管する健康保険法関連事項には及ばない、という違いがあります。

（注3）患者からの苦情電話や職員からの内部告発？等により臨時で実施されることもある。

3　実査時のポイント

　前述のように、入院設備を持たないクリニック（無床診療所）は、構造設備面のほかに管理運営等の視点からも指導を受けることになります。以下、主な注意点につき解説します。

(1) 院内掲示

　医療法に基づき、管理者氏名、従事する医師の氏名、診療日および診療時間を院内の見やすい場所に掲示しなければなりません。実査の際、最初に必ず確認されるポイントです。

(2) 諸届書類の控え

　診療所開設届、Ｘ線装置備付届、各種年次報告等の書類の控えは、変更時や次年度の届出の前提ともなりますので、常に時系列で整理して保管することが要求されます。

(3) 診療録、検査記録、処方箋の控え等

　記録類の記載内容は勿論、外部流出しない体制で保存年限（カルテであれば最後の診療日より5年間）以上管理保存されていることが求められます。また、電子カルテ等の電子媒体で保管する場合には「真正性（無断書換等ができず作成責任者が明確であること）」「見読性（必要な時に出力、表示、作成できること）」「保存性（保存すべき期間中、常時復元可能な状態で保存できる体制であること）」の3つの要件が要求されます。

(4) 従事者の免許証の確認およびコピーの保管

　管理者は医師、看護師等の免許証の原本を確認し、その写しを院内に保管しておくことが求められます。

(5) Ｘ線照射記録、被ばく管理体制

　Ｘ線装置ごとの照射記録に加え、医師または診療放射線技師について、フィルムバッジ等により従事者ごとの被ばく管理が求められます。

(6) Ｘ線量測定記録

　6カ月ごとにＸ線の漏れがないか測定し、記録することが求められます。

(7) 職員の健康管理体制

労働安全衛生法に基づき職員の健康診断を定期的に行い、その記録を保管することが求められます。

(8) 医薬品保管・管理体制

医薬品の規制区分ごとに、以下の保管体制が求められます。

・麻　　薬

鍵をかけた堅固な設備（固定した専用の麻薬金庫／単なるロッカーや机の引出しは不可）に保管し、払出しの都度記録する専用の麻薬帳簿で常時在庫を確認できること

・向精神薬

原則として施錠した設備で保管し、無人になる時は必ず施錠すること

・毒薬・劇薬

その他の医薬品と区別し、毒薬は施錠可能な場所に保管すること

・冷所保存品

専用の冷蔵庫に保管し、内部に温度計を付けることが望ましい

(9) 個人情報保護体制

個人情報管理指針を策定し、院内掲示等で周知した上で、指針に基づく運用をしていることが求められます。個人情報は、カルテ等の診療情報よりも広い概念であり、個人を特定することができる情報のすべてに及ぶことに注意が必要です。

(10) 広告内容

　医療機関の広告は今でも「原則として禁止」であり、医療法第6条の5および医療広告ガイドラインの範囲でのみ、例外的に許容されていることに注意が必要です。医療広告ガイドラインについては、本章第5節（マーケティング）で解説します。

(11) 消火器またはスプリンクラーの設置

　スプリンクラーが付いていない建物の場合は、院内の見やすい場所に適正数の消火器が設置されていることが求められます。

(12) 医療安全体制

　管理者には、医療法施行規則に基づき医療安全を確保するための指針の策定、従業者に対する研修の実施その他医療の安全を確保するための措置を講じなければならないものとされています。

　・医療安全指針類

　医療安全管理指針、院内感染対策指針および業務マニュアル、医薬品安全使用手順書、医療機器保守点検計画を整備すること

　・職員研修

　医療安全、院内感染対策、医薬品安全使用、医療機器安全使用に関する職員研修定期的実施とその記録の保管。無床クリニックの場合は、院外研修を受講させてその記録を保管することでもよい。

　実査を受ける日程が確定したら、当日は、管理者に加えて可能であれば看護師、事務職員も同席させ、指摘事項を記録するとともに、その場で改善可能なものは改善してしまい、保健所の台帳に悪い情報が残らないようにすることも重要です。

図表 7-2-2　保健所実査時の確認事項の例

【閲覧書類一覧】

一般的に必要となる書類		
1	行政関係提出書類 （放射線機器の設置届等の控えを含む）	（保健所に届け出た書類等）
2	健康診断個人票綴	（労働安全衛生規則に基づく）
3	診療録	（電子カルテ）
4	処方せん	（外来・入院別）
5	職員緊急連絡簿	（休日・夜間）
6	Ｘ線量測定結果表	（漏洩検査）
7	Ｘ線被爆線量	（フィルムバッジ）
8	感染性廃棄物の委託契約書	（処分業者許可証写し、マニフェスト）
9	医療従事者(有資格者)の免許証の写し	
10	医療安全等各指針書類（4指針）	詳細は下記

医療安全等各指針書類（詳細）
1　医療の安全を確保するための対応について
・医療安全に係る安全管理指針
・医療安全に係る安全管理のための職員研修の記録
・医療事故、インシデント等の報告
2　院内感染の防止に関する対応について
・院内感染対策指針
・院内感染対策マニュアル
・院内感染対策のための職員研修の記録
3　医薬品の安全管理体制の確保について
・医薬品安全使用のための手順書
・医薬品安全使用のための研修の記録
4　医療機器保守点検・安全使用に関する体制について
・医療機器の保守点検に関する計画の策定と保守点検実施記録
・医療機器の安全使用のための職員研修の記録

該当がある場合のみ必要となる書類		
1	助産録	
2	保育器等の定期点検簿	（酸素テント・高圧酸素室）
3	食事せん	（給食を実施している場合）
4	給食従事職員の検便結果簿	（給食を実施している場合）
5	水質検査結果表	（井戸水を使用している堤合）
6	受水槽・高架水槽清掃記録簿	
7	浄化槽清掃、保守点検記録簿	
8	エレベーター保守点検記録簿	
9	入退院名簿等	（入退院の状況が明らかになる書類）
10	麻薬処方せん・出納簿・施用者免許証	
11	X線従事職員の健康診断綴	
12	照射録	
13	消防計画表	（防火管理者の確認）
14	消防設備保守点検簿	（火災報知器・屋内消火栓・消火器）
15	避難設備保守点検簿	（誘導灯等）
16	電気設備保守点検簿	
17	医療ガス安全委員合綴	
18	LPガス設備保守点検簿	
19	避難、消防訓練計画表・実施結果記録簿	（写真含む）
20	洗濯契約関係綴	
21	医療広告掲載内容	掲載雑誌・掲載チラシ等

4 間違えやすいもの（厚生局による指導・監査）

　本節 2 で述べたように、無床のクリニックに入る保健所の立入実査はあくまで医療法に基づく「医療機関」への立入りであり、健康保険法に基づき地方厚生局が「保険医療機関」を対象に保険診療・請求に関して行う指導・監査とは、まったく性格の異なるものです。

　保険診療・請求に関して行われる指導・監査については本章第 3 節で解説します。

（岸部宏一）

第3節 診療から保険請求まで

1 診 療

　本章第１節の３で述べた手順により「保険医療機関」となったクリニックでは、患者に対して行った診療行為のうち健康保険の適用となるものについては、患者さんからは自己負担分を徴収し、その残り部分を保険者に対し請求することができます。

　保険請求の要件としては次の６つとされており、要件を満たさないものについては自費診療として全く別個に行うこととなります。

> ・保険医が、
> ・保険医療機関において、
> ・健康保険法、医師法、医療法、医薬品医療機器法等の各種関連法令の規定を遵守し、
> ・『保険医療機関及び保険医療養担当規則』の規定を遵守し、
> ・医学的に妥当適切な診療を行い、
> ・『診療報酬点数表』に定められたとおりに請求を行っている
> （以上、『保険診療の理解のために』各地方厚生（支）局発行より）

　なお、自費診療が発生する場合は、同一患者の同一疾患に対し保険診療と保険外診療が混在（混合診療）することのないよう、明確に分けて診療を行うことが重要です。

　保険診療を求めて来院した患者を診察し、医学的に適切な傷病名を付け、必要な検査、投薬、処置等を行い、すべてを診療録に記載していることが保険請求の前提となります。

　また、上記の診療行為をすべて電子カルテまたはレセプトコン

ピューターに入力し、患者の負担割合に応じた一部負担金を窓口で徴収し、残部は保険者に請求することとなります。

この一部負担金も保険診療の上では公定されており、任意に減免することは認められません（療養担当規則第2条の4の2、第5条第1項）。

2 レセプトの作成

毎月、保険診療した分を患者ごと、保険者ごとに集計し、翌月の10日までに診療報酬請求明細書（通称：レセプト）にまとめます。

その際の主な確認事項は、以下のとおりです。

・患者の保険資格確認（返戻で最も多いのは「保険資格なし」、です）
・病名漏れの確認（電子カルテのソフトで自動チェック機能がついているものもあります）
・症状詳記（通常よりも多くの処置を要した、通常と違う検査をした等の場合は、医学的にそれらが必要であった理由を追記する必要があります）

---

3 請 求

診療があった月の翌月の10日までに、健康保険については各都道府県の社会保険診療報酬支払基金（通称：社保または支払基金）、国民健康保険および後期高齢者医療保険については各都道府県の国民健康保険団体連合会に、診療報酬請求書とその明細書を送付することにより、診療報酬を請求することになります。

なお、現在では電子媒体による請求が義務付けられており、実際にはオンライン電送による請求またはCD-ROM（一部はフロッピーディスク）の郵送（または持込み）で請求されています。

4 振込み

　請求を受けた支払基金および国保連（合わせて審査支払機関と称されます）は、提出されたレセプトを審査し、請求の翌月の20日〜25日頃に医療機関が届け出た口座に診療報酬を振り込みます。なお、審査で請求内容に問題があると判断された場合は、その部分の支払いを保留してレセプトを返却（返戻）、または当該部分を差し引いた額を振込（査定）してくる場合もあります。

　また、審査支払機関の審査を通過して振込みを受けた診療報酬であっても、後日、保険者での審査により不適当と判断され、返戻または査定を受ける場合があります。

　電子請求が義務化されて以降、患者ごとに薬局の調剤レセプトと突き合わせる（突合）、同一患者のレセプトを数カ月分通算して審査する（縦覧）が可能となり、支払いまで完了した後に保険者から受ける査定が多くなる傾向にあるようです。

　また、診療報酬が振り込まれる際、個人開設のクリニックの場合は、社保の診療報酬のみは源泉所得税が控除された状態で振り込まれますので、月次のキャッシュフローを計算する上では注意が必要です。

（岸部宏一）

各種公費負担医療等

第 4 節

本章第 1 節では健康保険法に基づく保険医療機関としての指定を受け、保険診療を行うところまでを解説しましたが、その他にも健康保険と別建てまたは併用で医療の給付を行う制度が存在します。本節では、その中も主なものにつき概説しますが、これらの他にも法律に基づく公費負担制度、自治体の条例に基づく助成制度等が多数存在しますので、自院の想定する患者層に合わせてあらかじめ必要な指定を受けておくことが求められます。

1 労災保険指定

健康保険法の第二条で「この法律は、労働者又はその被扶養者の業務災害（著者注：口略）以外の疾病、負傷若しくは死亡又は出産に関して保険給付を行い〜」と定めていることからわかるように、健康保険、国民健康保険、後期高齢者医療保険といった公的医療保険とはまったく別の制度として、労災保険診療が存在します。一般的に、クリニックの収益の口でそれほど大きな存在にはなりませんが、診療科目や立地によっては労災の患者が多く来院する場合もあり得ます。

労災保険診療を取り扱う医療機関として指定を受ける際には、地方厚生局（都道府県事務所）より健康保険法上の保険医療機関としての指定を受けた後、所轄の労働局に申請し、管理者が健保指定と同様の新規指定時講習を受講することが要件となります。

指定後には、労災保険で受診した患者ごとに健康保険に準じた点数表により点数を算定し、健康保険と同様にレセプトとして請求することになります。その際の請求先は所轄の労働局となり、請求額は 1 点当たり 12 円（法人税法の非課税医療機関は 11 円 50 銭）となります。

なお、労災保険診療は健康保険と違い、指定を受けていない医療機関（労災非指定医療機関）でも診療を行うことができますが、その場合は患者（被災労働者）自身による立替払いとなり、医療機関としては労災診療点数算定基準で計算^(注1)した金額の全額を患者さんから受領し、患者さんの勤務先が発行した労災診療に関する用紙に必要事項を記載して交付し、患者さん自身で勤務先を通じて労働局に請求してもらうことになります。

（注1）非指定医療機関は政府との間で労災診療に関する契約を交わしていないので、理論的には労災診療点数基準に拘束されないことになりますが、患者に支払われる金額の上限が労災診療点数算定基準によるので、同額で計算するのが通例です。

2　生活保護法指定

　生活保護法に基づく医療扶助としての診療は、福祉事務所長に対し保護を申請し、医療扶助の決定を受けた患者さんに対して都道府県知事または政令市の市長が指定した医療機関が行うこととされています。

　医療扶助には、患者のもともと加入していた医療保険種別や収入等により、医療扶助として全額給付を受ける「生保単独」の場合と、医療保険による一部負担金を医療扶助から給付する「医療保険併用」、それぞれ自己負担の有無等の区分があります。

　指定医療機関は、患者が福祉事務所から交付を受けて受診時に持参した「医療券」に基づいて診療を行い、診療の翌月に都道府県の支払基金に請求書を提出して其の翌月に支払いを受けることになります。

　この指定医療機関として指定を受けるには、所轄の福祉事務所に申請書を提出して指定を受け、診療所の入口または見やすいところに「生活保護法指定医療機関」である旨を表示します。

3　公害医療機関

　公害健康被害補償法に基づく指定疾病患者への療養の給付として行う診療は、保険医療機関（特に申し出たものを除く）が「公害医療機関」として「公害医療機関の療養に関する規程（昭和49年8月31日環境庁告示48号）」に基づき行うものとされています。

　患者さんは指定疾病に罹患しているとして認定され、都道府県知事または政令市の市長より公害医療手帳の交付を受けており、受診時には公害医療手帳を提示するものとされています。

　公害医療機関（保険医療機関）は、診療翌月に「公害診療報酬請求書・明細書」を市または区の所管課に提出して支払いを受けることになります。

4　原爆指定（被爆者一般疾病医療機関）

　原爆援護法に基づく被爆者に対しては、原爆に起因する疾病（認定疾病）、に対しては全額国費で、その他の疾病（一般疾病）に対しては医療保険の自己負担相当額部分につき医療費が支給されることとされています。

　被爆者一般疾病医療機関として指定を受けるには、保険医療機関として指定を受けた後に、都道府県知事に申請して指定を受け、原子爆弾被爆者に対する援護に関する法律指定医療機関医療担当規程（平成7年6月厚生省告示第124号）に基づく医療を担当し、それぞれの医療保険に基づく自己負担部分をレセプトにより支払基金等に請求することとなります。

5　指定自立支援医療機関(更生医療・育成医療／精神通院医療)

　障害者総合支援法に基づく自立支援医療は、自立支援医療の種別ごとに都道府県知事または政令市の市長が指定した医療機関が、指定自

立支援医療機関（育成医療・更生医療）療養担当規程　（平成 18 年 2 月 28 日／厚生労働省告示第 65 号）、指定自立支援医療機関（精神通院医療）療養担当規程（平成 18 年 2 月 28 日／厚生労働省告示第 66 号）に基づき行うこととされています。

　指定医療機関として診療を行った医療機関は、翌月のレセプトで患者それぞれの医療保険と併用として支払基金等に提出し、患者自己負担部分については公費より支払いを受けることになります。

（岸部宏一）

広　　告

1　広告の種別と特性

（1）交通広告

　医療機関の広告としては最も古典的な手法であり、駅看板、電柱広告、バスの車内放送等が存在します。

・駅　看　板

　鉄道各駅に掲出される広告の半分以上が医療機関で占められることも珍しくないほど、多用される広告手法です。ターゲットとする患者が多く利用する駅に掲出することは当然ですが、駅の構造は大きさによっては、駅内の掲出場所も朝晩の通勤ルートに合わせて選ぶ（急行専用ホームの存在等に合わせる）ことが肝要です。

・電柱広告

　駅看板と並ぶ古典的広告手法ですが、徒歩圏内の比較的年齢層の高い患者さんを想定する場合には、今でも一定の効果がある手法です。
　また、クリニックの位置がわかりにくい場所にある場合には、道案内の意味で有効な場合もあります。近年の電柱広告には2次元バーコードを組み込んであり、携帯電話またはスマートフォンに対応したクリニックのホームページに連動させる機能が付いているものもあり、来院患者予備軍の「取りこぼし」防止の上では有効な場合があります。

(2) 紙 媒 体

　新聞折込み広告、ポスティング等で開院の広告をすることも有効であり、「内覧会のお知らせ」等に多用されています。その場合も、単にイベントとしてのお知らせのみでなく、自院の理念や医師の経歴、対応可能な疾患や検査の種類、予約方法や電話番号、ホームページ等の情報をわかりやすく掲載し、捨てられないチラシにする工夫をすると効果的でしょう。

　配布エリアは、新聞折込み広告の場合は販売店ごとに、ポスティングの場合は丁町ごとに細かく設定することが可能です。ターゲットとするエリアを明確に絞り、週末等在宅率の高い日を狙って配布する等の工夫により、効果を高めることも可能です。

　また、求人広告にもクリニックの特徴を前面に出して新規開院を印象付ける、という副産物的効果を持たせることも有効です。

(3) インターネット媒体

　高齢者が自分で来院することを想定しているクリニックの場合はあまり効果的な手法ではありませんが、それでもインターネットを利用する高齢者は年々増加する傾向にあります。まして、想定患者が壮年層以下である場合、小児科等来院を決定する親が若いことが多い場合は、受診行動に最も影響を与える媒体がインターネットであると考えられます。

　自院のホームページを中心に、ブログ、SNS、スマートフォン用サイト等を連動させて理念や提供可能な医療等に関する情報や、医療に対する思い、予約方法、待ち時間に関するリアルタイム情報等を随時発信することは、自院の求める患者を集める上で費用に有効な手法です。

　今のところホームページ等 WEB 上の情報については「広告」には該当せず、「広報」の一環であると解釈されていますが、バナー広告

やアファリエイト等で閲覧者を誘導するものについては、誘導された
ページ以降のすべてが広告に該当するとされており、広告規制の対象
となりますので注意が必要です。

(4) 口コミ

　広告に分類されるものではありませんが、良くも悪くも、幼稚園の
ママ友ネットワークや地域の高齢者ネットワークに代表されるよう
に、口コミは、患者の受診行動に対し非常に影響力の強い存在です。
院長を始めすべての職員が理念に基づく一貫した行動を取り続けるこ
とで良い口コミが広がるのが理想ですが、悪いうわさは良い内容より
もはるかに速いスピードで拡散しますので、平素から「自院がどう見
られているか？」の意識を持つことが重要です。

　また、近年では民間の「口コミサイト」がWEB上に多数存在し、
悪意でなされた書込みに気がつかず、そのまま一部の閲覧者に対して
イメージとして定着してしまう場合がありますので、定期的に自院の
名称で検索をかけて、故意に悪く書いたような書込みに対しては、管
理者に削除を申し入れて被害の拡大を防止することも重要です。

2 広告戦略

　まずは、自院の経営理念に基づき、
「どのような患者を」（年齢、性別、疾患、重症度等）
「どのくらい」（一日平均、年間平均）
　集めることを目指すのかを明確にします。
　その上で、媒体や広告内容を選定し、統一感のある広告を行うこと
が重要です。
　また、開院当初、認知されるまでの最初の1〜2年程度の間は集中
的に広告を行って患者数の立上がりを確保し、患者が定着してきたと
ころで数を減らす等によって固定費用を削減し、そこから先は経営体

質強化に向かう、といった中長期的な戦略も考えられます。

3 広告規制

　医療機関は、法律で定める一定の事項を除いて「広告してはならない」のが原則（医療法第6条の5）であり、広告可能な一定の事項については医療法および「医療広告ガイドライン」で定められています。

　また、ここでは広告の定義として次のいずれの要件も満たす場合には広告に該当するものと判断するものとしています。

---

①　患者の受診等を誘引する意図があること（誘因性）
②　医業もしくは歯科医業を提供する者の氏名もしくは名称または病院もしくは診療所の名称が特定可能であること（特定性）
③　一般人が認知できる状態にあること（認知性）

　記事等の形をとっていたり、「これは広告ではありません」等の表記があったりしても、上記の要件を満たす場合には広告として扱われ、規制の対象となりますので注意が必要です。

　逆に、院内でのみ配布する院内紙やポスター等は、現に受診している患者等に対する情報提供（広報）と解されていますので、比較的自由に表現することが可能です。

　クリニックで標榜可能な診療科目についてもこのガイドラインが根拠となっていますので、「医療広告ガイドライン」についてはご一読することをお勧めします。

4 依頼先（代理店）の選定

　いずれの広告も、1社または複数の代理店に依頼することになりますが、代理店にはそれぞれその出自等から来る得意分野（交通広告が得意、電柱広告が得意、紙媒体が得意、インターネットが得意等）が存在し、これらは単に得意不得意にとどまらず、駅や電柱の「既得権」と絡んでいる場合もあるので、同じ費用でも広告の効果に大きな差が出ることがあります。

　特に、近年ではホームページ業者を中心に新規参入組も多いので、依頼する前にはその企業の得意分野や不得意分野についての連携先、担当者の知識や広告内容のチェック体制等につき質問し、明確な答えが得られない場合には依頼するかどうかを再検討したほうがよいでしょう。

5 その他の注意事項（詐欺に注意）

　開院後（数年先の場合もある）、看板や広告料金の「集金」と称して、数千円～数万円程度の比較的少額を、現金で集めに来る業者がいます。診療時間中に現れ、受付職員が小口現金等から支払ってしまうこともありますが、これらの中には実在しない広告や、実在しながらも他の代理店で契約しており、まったく関係のない業者による詐欺である場合があります。現金で「集金」に来る業者に対しては、どの広告のことであるか、契約書は確認できるか、実際の委託先企業名の領収書は持ってきているか等を確認し、被害に遭うことのないようにご注意ください。

（岸部宏一）

第6節　内　覧　会

第6節

1 内覧会の意義

　新たに開業する場合や、改装や事業承継を終えて新しい体制になった場合等に、地域の住民に院内を見てもらう「お披露目」のようなイベントを行うことがあります。

　一度でも院内に足を踏み入れてもらうことで、その後の受診の際の「敷居を低くする」、クリニックに「親しみを持ってもらう」等の効果が期待できることから、多くのクリニックで多用されている手法です。

2 手法と段取り

（1）準備段階

　開院日が決まったら、その直前の地域住民が来やすそうな日（日曜日、祝祭日等）に内覧会の日を設定します。連休の場合は、遠出していることの多い連休前半よりも旅行先から帰ってきて自宅でゆっくりしていることの多い後半のほうが、近隣住民の集まりが良い傾向にあるようです。時間帯は、あまり朝早くから開いていても来場者は意外に出足が遅いのが通例であるため、無理に早い時間帯から始める必要はなく、日曜日であれば10時から16時の間くらいでもよいでしょう。

　日程が決まったら、開業までのスケジュールの中で院内に人が入って来てもよい体制、受付や対応する職員の体制等を確認し、余裕を

持った準備体制を確認します。

　広告としても、クリニックを最も効果的に印象付けることのできる機会なので、想定する患者層に合わせて積極的に広告します。

　外から見える窓等があれば、開院日と内覧会の日を大きく掲示し、周知期間をできるだけ長くとりたいところです。

(2) 当　　　日

　当日は、来場者に開院後のイメージを伝えるため、ドクターを始め職員は極力各自の定位置を離れることを避け（ドクターは診察室、看護師は処置室、事務職員は受付等）、来場者の誘導は手伝いに来てくれる協力者に任せるほうがよいでしょう。各来場者に案内者を1人付けるか、院内に順路を設ける等でまんべんなく院内を見てもらい、各所でそこにいる職員から挨拶、説明を受けながら院内を一回りしてもらいます。

　余裕があれば、地域住民と話すきっかけとして簡易骨密度測定や健康相談等を実施するのも効果的でしょう。開院直前の日であれば、既に保健所に診療所としての届出は済んでおり、保険医療機関としての指定を待っている時期に当たることが多いので、その場合は、極論すると保険請求さえしなければ、医療行為をすることも違法ではありません。

　また、来場者から簡易アンケート等で住所、氏名等の情報をもらい、今後の案内を送ることの同意をもらえば、その後に院内紙を送付する等も可能になります。

3　誰に協力してもらうか？

　昔であれば製薬企業のMRが大挙して手伝いに来たものですが、MRに適用される独占禁止法に基づく「公正競争規約」は年々厳しくなり、「労役の提供」は厳禁されていることもあり、MRの協力を得

ることは難しくなっています。

　また、製薬企業が医療機関向けに配布しているボールペン、ティッシュペーパー等も、医薬品の名称が入っているものは一般市民に配布することが医療機器医薬品法で禁止されています。

　さらに、医薬品卸や医療機器メーカー、ディーラーにも、それぞれの公正競争規約が存在するため、医療機関としてのコンプライアンス上、企業には法律に触れない範囲での協力を依頼することになります。

4 関係者向けは別の日に？　連携先との関係

　内覧会の日は地域住民等に広く開放するため、お祝いを持って駆け付けてくれる関係者とはゆっくり話ができない場合が少なくありません。これらの関係者は、将来的にも連携先となってもらう等の重要な意味がある場合もありますので、地域への内覧会と別に関係者向けのお披露目会の機会を作ることも有効です。

　高級ホテルの会場でパーティーを行う方法もあり得ますが、筆者は、新しいクリニックに足を踏み入れてもらい、スタッフ等も紹介してこの先の具体的な連携体制をイメージしてもらうことをお勧めしています。

（岸部宏一）

第7節 「開業コンサルタント」って何者？

1 信頼して相談できるのは誰？

　開業を思い立ってどなたかに相談すると、どこからともなくコンサルタントと称する人を中心にいろいろな人たちが集まってきて、いつのまにか話が進んでしまい、自分の思いからだんだんとかけ離れてしまって…といった話を耳にすることも少なくありません。また、インターネット上では「開業コンサルタント」に騙された、といった話も飛び交い、一体誰を信じてよいものかわかりません。

　さりとて自分一人では「何から手をつけていいものやら見当がつかない」こともあり、誰だったら信頼して相談していいものか、迷っていらっしゃるドクターは少なくないようです。

　相談相手としてまず思いつくのが、製薬会社や医療機器メーカーの担当者ですが、相談を受けた彼らとて実際に開業までのプロジェクトの全体を支援できるわけではなく、多くの場合はディーラーや調剤薬局チェーン等の開業支援担当者を紹介し、担当者自身は開業後の担当者に引き継ぐのが精いっぱいです。

　また近年では、知合いから紹介されたことで「しがらみ」ができてしまう煩わしさから、あえて身近な人からではなくインターネット上で情報を収集し、開業セミナー等に出かけてそこで「開業コンサルタント」を紹介され…といった場合も多いようです。

　いずれにしても、実際の開業に向けては「開業支援」を業とするコンサルタント等に、何らかの依頼をすることになるのが通例です。

　しかしながら、コンサルタントにはその出自や所属、資格等により様々な職種が混在しており、一見してもなかなか見分けがつかないのも実情です。

そこで本節では、コンサルタントと称する人種を分類し、それぞれ
の長所、短所までを解説することとします。

2 コンサルタントの種別

　医療経営支援・開業支援に携わるコンサルタントは、以下のように
大別されます。

(1) 専業のコンサルタント

　開業時に限らず、開業後の経営・運営顧問や経営戦略立案、介護等
附帯事業開設、事業承継等のコンサルティングそのものを業とし、自
社で他のサービスやモノの販売はしません。

　開業支援を依頼する場合は、総額で200～400万円程度の費用を要
する場合が多くなりますが、クリニックの工事や什器備品、開業後の
仕入れ条件等に関し、しがらみなく完全にドクターの立場に立った交
渉を代理してもらうことが可能です。

　ただし、コンサルタントの専門分野や知識、技量にはばらつきがあ
り、大手企業であることを信頼して依頼したら担当者は新人に毛が生
えた程度、しかも経験があるのは動物病院だけだった、などという笑
えない事例すら実在します。直接の担当となるコンサルタントの技量
の確認が重要であることは、言うまでもありません。

(2) コンサルティング営業

　医薬品卸、医療機器ディーラー、内装工事業者、調剤薬局、リース
会社等が自社の販路拡大のために開業支援のサービスを行っている場
合があります。開業時または開業後に自社のサービスを利用すること
が暗黙または明文での合意事項となり、そこには選択の余地はありま
せんが、その分、開業支援サービスは無料で提供される場合がほとん

どです。

　信頼できる担当者とめぐり会い、仲良くなって、問題ない範囲であちらの「顔を立ててあげる」ことで、他の仕入れ等の面で有利に計らってくれ、いい条件で開業できるといった場合もありますが、当然、その逆の事例も少なくありません。

　基本的には担当コンサルタントが「企業側の人」であることは意識した上で、その範囲で「WIN = WIN」を目指す、といた考え方が重要です。

(3) 士業等専門職

　税理士事務所、行政書士事務所、FP（ファイナンシャルプランナー）等の専門職事務所が、専門職の業務に付随して、またはその一環として開業支援を行うことがあります。開業後に何らかの顧問契約等を締結することを前提として無料または低額でコンサルティングを行う場合と、開業時の支援自体を業として有償で行う場合があります。

　専門職の特性として、どうしても自分の専門分野を中心にコンサルティング業務を進めたがる傾向があります。常時他の専門職と連携し、自分の専門分野以外の課題についてはその分野の専門職に確認し、必要な時にはすぐに他の専門職の介入を受けられる体制を持っているか？につき確認されることをお勧めします（こう考えると、医療と非常に近いですね）。

3　法律上の制限

　○○コンサルタントを名乗ること自体や、開業に関する相談やプロジェクトの進行管理といったコンサルティング業務を提供することに法律上の制限はありませんが、業務の内容や種別によっては、法律上の制限を受ける場合があります。法律上の制限がある業務について

は、一定の免許資格を有しないものが行った場合は当然に法律上の処罰対象となるほか、依頼した側も処罰対象になる場合があります。どんなに手術が上手でも、ブラックジャックがモグリなのと一緒です。

　以下、開業前後のコンサルティング周辺業務に関し、法令上の制限があるものの一部を例示します。これらの業務に関しては、「できる（個人の知識やスキル）」と「やってもよい（法律上の制限を受けない）」は違いますので、依頼に際しては、その依頼事項がその相手に依頼してよいものであるかにつき、注意が必要です。

(1) 税務に関する相談（税理士）

① 　税務に関する申告、申請、請求もしくは不服申立ての代理
② 　税務書類の作成
③ 　税務相談
④ 　税理士業務に付随する、財務書類の作成、会計帳簿の記帳の代行その他財務に関する事務

(2) 許認可届出手続（行政書士）

① 　官公署に提出する書類その他権利義務または事実証明に関する書類の作成
② 　書類提出の手続きおよび許認可等についての代理
③ 　許認可等に関する不服申立ての手続きの代理およびその手続きに関する書類の作成
④ 　契約その他に関する書類の作成代理
⑤ 　上記書類の作成についての相談

(3) 社会保険等手続（社会保険労務士）

① 　労働および社会保険に関する法令に基づく申請書等の作成およ

び手続きの代理

② 労働および社会保険に関する審査請求、異議申立て、再審査請求、行政機関等に対してする主張もしくは陳述の代理

③ 労働紛争等の調整委員会でのあっせん、調停等の手続きについての紛争当事者の代理

④ 労働および社会保険諸法令に基づく帳簿書類の作成

⑤ 労務管理等労働に関する事項および労働社会保険諸法令に基づく社会保険に関する事項についての相談または指導

(4) 建設業（建設業の許可）

以下の工事は、工事種別ごとに国土交通大臣または都道府県知事（営業所が単一都道府県内の場合）の許可を受けた業者以外は、受託することができません。クリニック開業時に関連するものを例示します。

---

① 「建築一式工事（建物全体を造る工事）」で1件の請負代金が1,500万円（税込）以上

② 「建築一式工事以外の建設工事（内装等）」で1件の請負代金が500万円（税込）以上

例えば、500万円を超える内装工事を依頼する際には、依頼先が内装業としての建設業の許可を受けた会社であるかどうかを確認する必要があります。

（岸部宏一）

あとがき

　「家は3回建てなければ満足する家は建てられない」と言われますが、家を3回も建てられる人なんて、ほとんどいません。

　しかし、家族が皆で将来の家族像や生活スタイルを話し合い、お互いの希望や価値観を共有し、理想的な家づくりを家族一緒に考え進めて、1回目でも満足する家を建てている人は、たくさんいます。

　クリニックは、1回目で満足できるものをつくらなければなりません。少なくとも経営的には満足のできるものでなければなりません。「初期コストをかけ過ぎたので、クリニックの運営がうまくいかない」「患者さんと職員の動線が悪くてスムーズに診察ができず、患者さんの待ち時間が長くなってしまうので、診療時間が長くなり経費が多くかかってしまう」「患者さんのプライバシーがまったくないため、せっかく来た患者さんが離れていってしまう」というようなクリニックは、絶対に建ててはだめです。本書を読んでいただいたドクターには、そのことをしっかり理解していただけたと思います。

　家づくりと同様に、求める診療内容に適した空間、今後の診療スタイル、将来の医療環境の変化にも対応でき、デザイン的にも機能的にも優れ、患者さんから選ばれるような、満足できるクリニックにしたいものです。

　しかしながら、まったく満足のできないクリニックを建ててしまうドクターは数多く存在します。なぜ、そのようなことになるのでしょうか。

　本書に書いてあるとおり、開業を決意した後、ドクターがやらなければならないことは、たくさんあります。だからと言って、勤務している病院・クリニックを辞めて開業準備に専念することができるわけではなく、通常の忙しい勤務の合間を縫って準備しなければならないのがほとんどです。

　「目的・理念・戦略を明確にし、事業計画を策定し、資金調達をし、土地や物件を探し、行政の手続きをし……」などと行っていると、開業への不安と作業の疲れでヘトヘトになります。そんな時に「私は医療関係に詳しく、これまで何件も開業のお手伝いをしており、開業したドクターは皆さん順調です。先生がそんなに頑張らなくてもいいのですよ、私がすべてお手伝いしますから安心してください」「先生のようなお人柄であれば、絶対大丈夫で

す」と、天使のような声をかけて来る人が現れます。悪徳医療コンサルタントです。大して具体的な話もしていないのに、「先生のようなお人柄であれば」とか「大丈夫ですよ」などと言って近づいて来る人は、普通に考えれば怪しい人ですが、なぜかこのような人を信用してしまうドクターはいるのです。

　筆者がこれまでに聞いたことのある悪徳医療コンサルタントの特徴は、共通しています。

「医療関係に関してすごく詳しいらしい」

「国や都の上部とつながりがあるので、医療法の改正など発表前の情報も入るらしい」

「通常なら許可が出ない案件でも、その人が言えば許可されるらしい」

「融資がつかない場合でも、その人を通して銀行に言えば融資してもらえるらしい」

「とても親身になって動いてくれるが、費用は一切請求しないらしい」

などです。

　医療法の改正等は、国会等で審議され決められるもので、特定の人だけに特別に情報が入ることなどありませんし、許可されないものを許可させるなどは、今時国会議員でもできません。銀行は紹介者で融資先は決めることはありませんし、震災などを除き、ボランティアで開業の手伝いをする人はいません。

　以前、筆者のところに「医療関係に詳しい人から紹介された設計者につくってもらった平面図で、その人にも相談しているので問題はないと思うが、念のために見てほしい」という相談が、ドクターから寄せられました。

　図面を見ると、動線がでたらめで、明らかに医療施設を理解していない設計者が作った図面でした。問題点を整理し、そのことを含めて説明すると、ドクターはその医療関係に詳しい人を「○○病院や、都の医療行政にも関わっていて、本当にすごい人なんです」と説明するので、「このような問題のあるクリニックの平面図を描くような設計者を紹介する人は、医療関係には詳しくないと思います。どのような人なのですか？　何か資格を持った方ですか？」と尋ねると、「実はよくわからないけど、親身になってすごくよく動いてくれるし、導入したいと思う医療機器などについて聞くとすぐに調べてくれるし、業者まで紹介してくれたりして、すごく助かっています」と言っていました。

本書でも少し触れていますが、このような悪徳医療コンサルタントは絶対に信用してはいけませんし、彼らの言うことを聞いてはいけません。彼らは、開業まではドクターの手を煩わすことがないよう大変よく動きます。限度いっぱいまで融資を受けられるようにし、それらのすべてを建築や医療機器、事務機器などの初期投資に回し、人材集めや開業に関する細かな準備、行政機関への申請や届出もそれなりに行い、ドクターがあまりいろいろなことを考えなくても済むように進めていきます。ドクターからの相談には親身に応対し、一生懸命に動きます。そして、彼らの息のかかった建築業者やその他の業者からしっかりマージンをとり、利益を確保します。そして開業を迎えたら、別のドクターを探しに離れていきます。

　このような悪徳医療コンサルタントに引っ掛かってしまうと、過大投資の返済のために休日診療や夜間診療を行って収入を少しでも増やす努力が必要になるなど、結局、開業後に開業前の準備の何倍もの苦労を背負うことになります。

　我々医業経営研鑽会は、プロフェッショナルと呼べる医業経営コンサルタントの育成を目的とするのと同時に、ドクターがこのような悪徳医療コンサルタントの被害を受けないようにアドバイスすべく、日々研鑽を積んでおります。

　本書がこれから開業を目指すドクターのお役に立つのと同時に、悪徳医療コンサルタントを撃滅する第一歩になることを願います。

　最後に本書出版のきっかけをつくってくださった医業経営研鑽会会長西岡秀樹先生、構成・編集にあたって多大なる示唆とご支援をいただいた株式会社日本法令の田中紀子様にこの場を借りて深く感謝申し上げます。

平成 28 年 5 月

一級建築士　田邉万人（医業経営研鑽会正会員）

著者略歴

岸部 宏一（きしべ こういち）

行政書士法人横浜医療法務事務所　代表社員
有限会社メディカルサービスサポーターズ　代表取締役
URL：http://www.med-ss.jp/
1965年東京生まれ（秋田育ち）1988年中央大学商学部卒
特定行政書士、日本医師会医療安全推進者、2級福祉住環境
コーディネーター、個人情報保護士

　バイエル薬品株式会社で10年余MRを経験後、医療法人（人工透析・消化器内科）事務長として医療法人運営と新規事業所開設を担当。2000年より㈱川原経営総合センターで医業経営コンサルタントの修行後、2003年独立。　全国の医療機関の経営支援実務の傍ら、医療法務の第一人者としての啓蒙・啓発活動を継続している。
医業経営研鑽会理事、MedS.医業経営サポーターズ代表、（一社）医業承継士協会理事。
＝執筆＝
日経メディカルオンライン連載「クリニック事件簿」「ある日院長が倒れたら」（日経BP社）
『3訂版 医療法人の設立・運営・承継・解散』（2021年2月・日本法令／共著）
『小説で学ぶクリニックの事業承継　ある院長のラストレター』（2017年6月・中外医学社／共著）
『医療法人の設立認可申請ハンドブック』（2017年9月・日本法令／共著）
ほか多数

中澤 修司（なかざわ しゅうじ）

税理士法人晴海パートナーズ代表社員
URL：http://harumi-partners.jp/
1963年長野県生まれ　1986年中央大学商学部卒
1992年税理士登録

　都内税理士事務所勤務後、公認会計士町山三郎事務所（現：税理士法人アフェックス）に入社。同社医療事業部長として多くの医療機関クライアントの税務・経営全般に関与し、医療法人設立や承継等も数多く手がける。またクリニック開業支援は100件を超える実績があり、その経験を生かしたクリニック開業や医院経営のセミナーも多数行っている。
　2015年4月税理士法人晴海パートナーズを開設し、代表社員に就任。
＝執筆＝
『勝ち続ける病医院の最新経営ノウハウ』（2008年3月・ぎょうせい／共著）
『よくわかる医療法人の設立と運営マニュアル』（非売品）
メールマガジン「開業準備虎の巻〜開業ケーススタディ」／「開業ドクターから学ぼう〜どうなる収入！」

田邉 万人（たなべ かずひと）

一級建築士
URL：http://www.iryou-kankyou-design.com/
医業経営研鑽会医療建築設計認定アドバイザー
既存住宅現況検査技術者　東京都建築物応急危険度判定員
1968年愛知県一宮市生まれ　1992年職業訓練大学校建築科卒

　株式会社松村組設計部を経て、医療福祉施設研究所メディカル建築設計事務所に入社、同社取締設計部長として様々な病院・クリニックの設計監理、スタッフの指導、プロジェクト全体の責任者として数多くの医療施設の建設に関わる。

　2010年医療環境デザイン研究所設立　病院・クリニックの設計監理を行う傍ら、建設会社や設計事務所からのクリニック設計に関するコンサルティング依頼も積極的に受ける。特に産婦人科医院の設計を得意とし、ホームページやブログなどで設計のポイントなどを公開している。現在は教鞭を執り、医療施設を含めた建築の指導を行っている。

高橋 邦光（たかはし くにみつ）

株式会社ラカリテ代表取締役
URL：http://www.laqualite.jp/
一般社団法人メディカルスタディ協会理事長
医業経営研鑽会会員
1972年東京生まれ　暁星国際学園中学校・高校卒業
英国ニューカッスル大学経営学部卒業

　内装会社にて積算、現場担当に従事後、2001年に株式会社リチェルカーレを設立。

　2005年より医療施設設計に携わり、今までにクリニックの建築設計監理・内装設計施工で500件以上の実績がある。

　2016年に株式会社ラカリテを設立。今後開業を目指すドクターに対しオリジナリティーを重視しながらこれまで以上のクオリティーを追求しつつコストを維持した設計に挑戦。ドクター・スタッフ・患者満足度にこだわった設計をはじめる。また各地域で開催されるクリニック開業セミナーでの講師としても活動中。
＝執筆＝
月刊『クリニックばんぶう』連載「コストダウンを図る "築城" 術」（日本医療企画）
月刊『クリニックばんぶう』連載「患者満足度を高める待合設計工夫術」（日本医療企画）
月刊『クリニックばんぶう』連載「承継を前提としたリニューアル」（日本医療企画）

≪医業経営研鑽会の出版物≫
・『税理士・公認会計士のための医業経営コンサルティングの実務ノウハウ』
　西岡秀樹著（2014 年 11 月・中央経済社）
・『医療法人の設立・運営・承継・解散』
　医業経営研鑽会著（2015 年 3 月・日本法令）
・『自由診療・サプリメント導入実践マニュアル』
　医業経営研鑽会編、西岡秀樹・堀江まゆみ・田村忠司著（平成 27 年 6 月・日本法
　令）
・『改訂版 医療法人の設立・運営・承継・解散』
　医業経営研鑽会著（2016 年 4 月・日本法令）
・『税理士のための医業顧客獲得法』
　医業経営研鑽会編、西岡秀樹・近藤隆二・中島由雅・小山秀樹著（2016 年 5 月・
　中央経済社）
・『医療法人の設立認可申請ハンドブック』
　医業経営研鑽会編、西岡秀樹・岸部宏一・藤沼隆志・佐藤千咲著（2017 年 9 月・
　日本法令）
・『病医院の引き継ぎ方・終わらせ方が気になったら最初に読む本』
　医業経営研鑽会編、西岡秀樹監修、小山秀喜・岸部宏一・小島浩二郎・池田宣康
　著（2019 年 7 月・日本法令）
・『クリニックの個別指導・監査対応マニュアル』
　医業経営研鑽会編、西岡秀樹・加藤登・堀裕岳・永淵智著（2019 年 9 月・日本法
　令）
・『歯科医院の法務・税務と経営戦略』
　医業経営研鑽会編、西岡秀樹著（2020 年 12 月・日本法令）
・『3 訂版 医療法人の設立・運営・承継・解散』
　医業経営研鑽会著（2021 年 2 月・日本法令）
・『クリニックが在宅医療をはじめようと思ったら最初に読む本』
　医業経営研鑽会編、岸部宏一・松山茂・小島　浩二郎・山田隆史著（2021 年 2 月・
　日本法令）

平成 28 年 6 月 20 日　初版発行
令和 4 年 2 月 20 日　初版 8 刷

クリニック開業を思い立ったら最初に読む本

検印省略

編　著　医業経営研鑽会
著　者　岸　部　宏　一　司
　　　　中　澤　修　　　人
　　　　田　邉　万　　　光
　　　　高　橋　邦　　　次
発行者　青　木　健　光
編集者　岩　倉　春　ム
印刷所　日　本　ハ　イ　コ　社
製本所　国　　宝　　社

〒 101-0032
東京都千代田区岩本町 1 丁目 2 番 19 号
https://www.horei.co.jp/

（営　業）　TEL　03-6858-6967　E メール　syuppan@horei.co.jp
（通　販）　TEL　03-6858-6966　E メール　book.order@horei.co.jp
（編　集）　FAX　03-6858-6957　E メール　tankoubon@horei.co.jp

（バーチャルショップ）　https://www.horei.co.jp/iec/
（お 詫 び と 訂 正）　https://www.horei.co.jp/book/owabi.shtml
（書籍の追加情報）　https://www.horei.co.jp/book/osirasebook.shtml

※万一、本書の内容に誤記等が判明した場合には、上記「お詫びと訂正」に最新情報を掲載
　しております。ホームページに掲載されていない内容につきましては、FAX または E
　メールで編集までお問合せください。

病医院の引き継ぎ方・終わらせ方が気になったら最初に読む本

A5 判・240 頁　定価（2,500 円＋税）

いま、昭和から平成初期にかけて開業したドクターの引退が増えています。自身の病院やクリニックの承継や廃業について、悩めるドクターも多いものです。病医院の承継では、悪質なブローカーが介在するケースもあり、正しい知識を身につけるべきです。また廃業に際しても、早い段階から計画的に準備をすすめることが肝要といえます。

本書は、自身の引退を考え始めたドクターがまず知っておくべき、病医院の「引き継ぎ方」（親族内承継、親族外承継、M&A、居抜譲渡、信託……ほか）と「終わらせ方」（自主廃業、やむを得ない廃業、医療法人解散……ほか）にまつわる法制度を整理したうえで、どのように考え準備するべきかを解説するものです。

税理士・公認会計士・FP・行政書士といった立場で日々、病医院の承継や廃業の相談にこたえている "専門家集団" による、渾身のアドバイスとなっています。

最新 クリニックのための書式とその解説
書式テンプレート 180

CD-ROM　定価（15,000 円＋税）

診療費の請求などのお金にかかわるものや、スタッフの採用・契約や待遇など人材にかかわるものなどに至るまで、医療機関において必要になる文書は多岐にわたっています。

しかし、法的にも不正確で、書式本来の効果を得られないばかりか、かえって不利益を被る可能性があるようなものなど、医療機関ならではのトラブルに発展し得るような書式も多く見受けられます。

本商品は、無床のクリニックの医師やそれに係る士業やコンサル向けに、真に有用、適切、正確、現場の知恵を集め、非常に工夫された書式やひな型を集めた解説付き書式集です。

例えば、自院のアピールが出来る「問診票」の作成のノウハウや、最近は、他人の情報が映りこんでしまい問題となるために注意喚起するための「SNS 掲載に関する注意文書」、災害時にどのように行動すべきなのかを決めた「BCP 基本計画書」など多数を収録しています。

また、書式そのものだけではなく、同書式を使う前提としての知識、個々具体的な事例において書式を使う際のノウハウを、税理士・行政書士・社会保険労務士・弁護士が各々の立場から解説しており、円滑な医療機関の運営への一助となります。

お求めは、お近くの大型書店または Web 書店、もしくは弊社通信販売係（TEL：03-6858-6966　FAX：03-3862-5045　e-mail：book.order@horei.co.jp）へ。